nedile

Apparition et prévention des TMS chez les interprètes en LSF/français

Anne Smedile

Apparition et prévention des TMS chez les interprètes en LSF/français

Éditions universitaires européennes

Impressum / Mentions légales
Bibliografische Information der Deutschen Nationalbibliothek: Die Deutsche
Nationalbibliothek verzeichnet diese Publikation in der Deutschen
Nationalbibliografie; detaillierte bibliografische Daten sind im Internet über
http://dnb.d-nb.de abrufbar.

Information bibliographique publiée par la Deutsche Nationalbibliothek: La
Deutsche Nationalbibliothek inscrit cette publication à la Deutsche
Nationalbibliografie; des données bibliographiques détaillées sont
disponibles sur internet à l'adresse http://dnb.d-nb.de.

Coverbild / Photo de couverture: www.ingimage.com

Verlag / Editeur:
Éditions universitaires européennes
ist ein Imprint der / est une marque déposée de
OmniScriptum GmbH & Co. KG
Heinrich-Böcking-Str. 6-8, 66121 Saarbrücken, Deutschland / Allemagne
Email: info@editions-ue.com

Herstellung: siehe letzte Seite /
Impression: voir la dernière page
ISBN: 978-3-8416-6850-9

Table des matières

Conventions de notation

TMS : Troubles Musculo-Squelettiques

ILS : Interprète en langue des signes française/français

LSF : Langue des Signes Française

LPC : Langage Parlé Complété

Introduction

En France, la première semaine de prévention des troubles musculo-squelettiques (TMS) a eu lieu du 26 au 31 mars 2007. Elle a été initiée par la Caisse Nationale d'Assurance Maladie des Travailleurs Salariés (CNAMTS). Récemment a eu lieu la seconde édition, du 11 au 15 mai 2009, intitulée : 'Semaine nationale de prévention des troubles musculo-squelettiques (TMS)'.

En effet, la prévention des TMS fait partie du plan Santé au travail 2005-2009 du gouvernement et les TMS sont reconnus comme maladies professionnelles. En France, en 1982, la sécurité sociale indemnise 433 cas de TMS, en 1998 cela passe à 8972 cas. Les TMS du membre supérieur représentaient deux tiers du nombre des maladies professionnelles reconnues et indemnisées. En 2003, la barre des 10000 cas est dépassée puisque 23500 cas de TMS ont été déclarés, passant à 31000 cas en 2005. A l'heure actuelle, les TMS représentent 70% des maladies professionnelles reconnues.

En 2005, les TMS du membre supérieur étaient les pathologies professionnelles les plus répandues dans les pays industrialisés comme les Etats-Unis, le Canada, l'Australie, la Suède. Dans chaque pays les maladies professionnelles ne cessent de progresser et d'engendrer un lourd coût économique.

Ces troubles génèrent une perte d'efficacité pour l'entreprise, une baisse de productivité, un remaniement de l'organisation de travail, une hausse de l'absentéisme, des difficultés pour recruter et reclasser les salariés souffrant de ces troubles... Les TMS ne sont pour autant pas un phénomène récent puisqu'ils sont déjà présent dès le 19ième siècle. Ils sont liés aux conditions de travail et aux changements de celles-ci. L'augmentation des cadences de travail, l'automatisation de certaines tâches entraînant une répétition des gestes pour celles non mécanisées... sont tous des facteurs de risques pouvant entraîner des TMS. Ces derniers sont donc des maladies multifactorielles. Malgré les différentes recherches et les progrès techniques, les causes restent complexes rendant difficile la mise en place de solutions de prévention efficace.

3

Les TMS sont des maladies, des syndromes comme les inflammations des tendons (tendinites), des différents syndromes canalaires qui correspondent à la compression des nerfs dont le plus fréquent est le syndrome du canal carpien. Ils affectent principalement les mains, les poignets, les coudes, les épaules et le cou. Mais les jambes, les hanches, les genoux, les chevilles, les pieds et le dos peuvent également être sollicités au travail. Par conséquent toutes les professions sont touchées, comme celle d'interprète en langue des signes français/français, dorénavant ILS. Toutefois, ce métier semble être systématiquement oublié des études et des mesures de prévention faites sur les TMS. Les ILS ont-ils un métier si différent des autres ? Sont-ils à l'abri de ces troubles ?

Généralement, les études sur la prévention pour les ILS se focalisent sur la linguistique. Mais y a-t-il d'autres mesures de prévention possible non axées sur la linguistique ? Pouvons-nous nous inspirer de certaines méthodes de prévention destinées aux autres métiers, pour l'appliquer à celui d'interprète ?

Dans une première partie, nous donnerons une définition des troubles musculo-squelettiques, nous présenterons les principales localisations, les statistiques et les facteurs de risques.

Dans une seconde partie, nous nous pencherons sur le métier d'ILS qui comporte les mêmes facteurs de risques que n'importe quel métier, en le comparant avec d'autres métiers.

Enfin dans une troisième partie, nous traiterons des conséquences des TMS et de la prévention d'une manière générale, et plus particulièrement des mesures que nous pouvons appliquer pour les ILS.

1. Présentation des TMS : troubles musculo-squelettiques

1.1. Les troubles musculo-squelettiques

1.1.1. Définition

Sous le terme de TMS on retrouve de nombreuses pathologies qui entraînent des douleurs au niveau des articulations et des tissus mous (muscles, tendons, nerfs), situées sur les membres supérieurs (cou, épaule, coude, poignet, main) et inférieurs (genou, cheville, pied), ainsi que la colonne vertébrale. Ces douleurs constituent le principal symptôme des TMS qui apparaissent habituellement après un temps d'exposition prolongé à des facteurs de risques.

On dépiste les TMS par les douleurs exprimées par le patient, elles peuvent être nombreuses et différentes selon les patients. Mis à part la douleur la personne peut ressentir des fourmillements, une raideur dans un membre, une perte de force pouvant entraîner une maladresse, des troubles moteurs qui, à terme, peuvent empêcher la réalisation de gestes simples de la vie quotidienne. Par exemple : se servir d'un tournevis, se coiffer, lever le bras. Une personne souffrant de TMS peut aussi se réveiller la nuit et ressentir des fourmillements dans la main ou des engourdissements. A l'instar de la diversité des douleurs et gênes ressenties, la guérison de ces troubles est très variable selon les personnes. Différents facteurs sont à prendre en compte, à savoir :

- De quel TMS s'agit-il exactement et où est-il situé ?
- La personne est-elle toujours exposée aux facteurs de risques ?
- Quel est son traitement thérapeutique ?
- Quels sont les facteurs individuels ? Etc.

Les facteurs de risques sont variés et différents selon qu'il s'agisse d'une activité professionnelle ou non. Dans le cadre d'un travail, les causes des TMS sont environnementales ou dues à l'organisation du travail. Tandis que pour une activité sportive ou pour un autre loisir, les facteurs de risques seront autres et davantage liés à la personne. Mais que le trouble soit d'origine professionnelle ou dû à une activité personnelle (loisir, sport), il aura toujours des conséquences sur ces deux sphères. Quand c'est l'activité sportive trop intensive qui est la cause d'un TMS il ne sera pas considéré comme une maladie professionnelle mais sera tout de même la cause d'un arrêt de travail. Mais en tant que maladie professionnelle, un TMS peut aussi entraîner une incapacité de travail de longue durée ou une obligation de se reconvertir. Dans ce dernier cas, la personne aura la difficulté supplémentaire de trouver un nouvel emploi compatible avec ses troubles. Il y a également des répercussions sur la sphère privée, d'une part d'un point de vue financier à cause d'un arrêt de travail ou d'une perte d'emploi. D'autre part même si la personne n'est plus exposée aux facteurs de risques à son travail, chez elle, elle effectuera des gestes similaires, elle sera obligé de lever son bras pour prendre quelque chose sur une étagère, serrer la main pour prendre un objet… Tous les différents symptômes qu'une personne peut ressentir deviennent très vite invalidants puisque le moindre geste effectué est synonyme de douleur.

Les TMS peuvent donc aller d'une simple fatigue posturale à des affections péri articulaires. Pour la fatigue posturale, la suppression des facteurs de risques et une simple mise au repos est suffisante, tandis que les affections péri articulaires sont irréversibles, et nécessitent un traitement médical adéquat.

Les TMS sont chroniques et entraînent donc une incapacité physique partielle ou totale, temporaire ou permanente, réversible ou non. Il est donc crucial de soigner les TMS précocement, car ils peuvent dans certains cas être définitifs (et occasionner la perte d'un emploi) ou être la cause d'une opération chirurgicale.

1.2.   Les principales localisations

Les TMS peuvent toucher l'ensemble du corps, mais nous nous attacherons ici à décrire les TMS pour les membres supérieurs et le dos. En effet ce sont les TMS dont souffrent les ILS, puisque ce sont ces zones qui sont sollicitées lors de l'interprétation.

- L'épaule

La symptomatologie est toujours celle de la douleur et de la raideur de l'épaule. Parmi les différentes affections il y a la *bursite sous acromiale* correspondant à une douleur du moignon de l'épaule qui apparaît rapidement et dure de 2 à 3 jours. La personne ne peut pas lever son bras très haut sans ressentir une douleur, cela peut troubler son sommeil, mais seul le repos permet d'atténuer la douleur. La cause est un surmenage soit professionnel soit sportif.

L'affection de la coiffe des rotateurs correspond « à une souffrance du tendon du muscle sous épineux »[1] Son traitement est long et différent selon le stade de l'affection. Cela peut aller d'une simple mise au repos (6 à 8 semaines) jusqu'à l'opération chirurgicale. Dans tous les cas, la reprise du travail se fait en réorganisant le travail pour éviter à la personne de lever les bras, de porter des charges lourdes sur les épaules, les mouvements répétitifs d'abduction... Le port de charges légères peut être possible, cependant en cas de chirurgie à cause de rupture de la coiffe, la personne aura le plus souvent une inaptitude au travail et un reclassement. Les causes sont les postures prolongées avec les bras levés à hauteur des épaules, les vibrations, l'utilisation d'outil ou d'objet trop lourds ou encore les « contractions dynamiques répétitives des muscles de l'épaule »[2] ce que l'on retrouve chez les soudeurs, les ouvriers du bâtiment, les manutentionnaires, les peintres. Mais les loisirs (bricolage, jardinage) et les sports (natation, tennis) sont également des activités à risques.

---

[1] Institut Universitaire de Santé au Travail de Rennes : http://www.med.univ-rennes1.fr/etud/med_travail/cours/troubles_musculo-squelettiques.html
[2] Institut Universitaire de Santé au Travail de Rennes : http://www.med.univ-rennes1.fr/etud/med_travail/cours/troubles_musculo-squelettiques.html

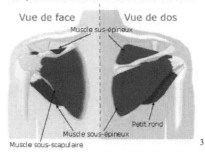

Les quatre muscles de la coiffe des rotateurs

Vue de face   Vue de dos

Muscle sus-épineux

Petit rond

Muscle sous-épineux

Muscle sous-scapulaire   3

- Le coude

L'épicondylite est une tendinite qui engendre des douleurs au coude, précisément dans la région externe de l'avant-bras : l'épicondyle. Elle est due à une mauvaise utilisation ou d'une hyper-sollicitation des muscles et des tendons de l'avant-bras. Par exemple par des gestes, rapides ou non mais répétitifs, d'extension du poignet et des doigts, par le port de charge excessif ou mal réparti. On retrouve ces gestes dans le travail (environ 0,6 % des travailleurs, en particulier les travailleurs manuels. Ex. les dentistes, les caissières, les ouvriers en bâtiment et en agroalimentaire) mais aussi dans les loisirs et le sport. En effet l'épicondylite est aussi connue sous le nom du *coude du joueur de tennis* (ou *tennis elbow)*, dont au moins 40% des joueurs de tennis est atteint. Le traitement est essentiellement du repos (3 semaines) mais selon les cas on peut avoir recours à des anti-inflammatoires et antidouleurs, des « attelles, à la physiothérapie, aux infiltrations, et à la kinésithérapie»[4]. Enfin la chirurgie peut également être envisagée. Lors du retour au travail, un aménagement du poste de travail est nécessaire pour éviter certains gestes comme l'extension complète du coude, les flexions… A terme, la personne souffrant d'épicondylite devra devenir polyvalente pour qu'elle puisse alterner entre les postes de travail, car son état peut s'aggraver avec l'âge et le nombre d'années d'exposition aux risques.

---

[3] Illustration provenant du site internet :
http://www.passeportsante.net/fr/Maux/Problemes/Fiche.aspx?doc=troubles_musculosquelettiques_epaule_p
m
[4] Institut Universitaire de Santé au Travail de Rennes : http://www.med.univ-
rennes1.fr/etud/med_travail/cours/troubles_musculo-squelettiques.html

L'épitrochléite ou *coude du golfeur* est un type de tendinite moins fréquent (10 à 20% des cas de tendinite du coude). Elle provoque également des douleurs mais dans la région interne de l'avant-bras : l'épitrochlée, elle est due à un surmenage, et les causes sont les mêmes que pour l'épicondylite. L'activité professionnelle est rarement en cause dans les épitrochléites, et n'empêche pas de travailler. Il s'agit plutôt d'une pratique sportive intensive, comme le tennis, le baseball ou encore le golf.

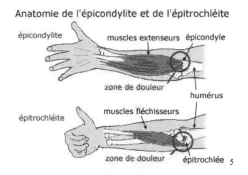

Anatomie de l'épicondylite et de l'épitrochléite

épicondylite — muscles extenseurs épicondyle

zone de douleur

humérus

épitrochléite — muscles fléchisseurs

zone de douleur — épitrochlée [5]

- Le poignet et la main

La main et le poignet comptent près d'une dizaine de localisations possibles. On retrouve principalement des tendinites (*la tendinite du grand palmaire, la tendinite du cubital antérieur, la tendinite des radiaux*), et *la ténosynovite sténosante de De Quervain*. Les causes sont toujours dues à des mouvements répétés et rapides, ici lors de la flexion et de l'extension du poignet et à cause de port de charges lourdes, par conséquent la douleur est présente lors de mouvements et de pressions sur les tendons concernés. Cela concerne les bouchers, les femmes de ménage et les activités de soudage, de polissage.

La ténosynovite sténosante de De Quervain est une inflammation d'un tendon et de sa gaine synoviale du long abducteur et du court extenseur du pouce

---

[5] Illustration provenant du site internet :
http://www.passeportsante.net/fr/Maux/Problemes/Fiche.aspx?doc=troubles_musculosquelettiques_coude_p
m

(ténosynovite), précisément sur la partie externe du poignet. Par l'inflammation, les fibres et le tissu qui recouvrent les tendons vont s'épaissir, un nodule visible et palpable se forme. Le traitement consiste en des infiltrations locales de cortisone, des anti-inflammatoires et des attelles. Si la situation s'aggrave, l'opération est nécessaire.

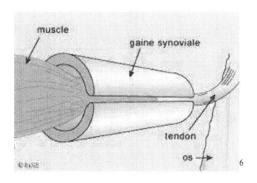

Le *syndrome de l'intersection* ou *aïe crépitant de Tillaux* est une « inflammation d'une bourse séreuse [poche remplie de liquide synovial qui facilite le glissement des muscles et des tendons] située entre les tendons des deux radiaux, le long abducteur du pouce et la face externe du radius. »[7] La douleur est située sur la « face postéro-externe de l'avant bras », où il peut y avoir « un œdème et des crépitations locales. »[8]

Le *syndrome de la loge de Guyon* est « une atteinte du nerf cubital au poignet ou plus rarement au coude »[9]. Différentes compressions sont possibles selon la zone de la main mais qui ont toutes pour conséquence une paralysie du coude avec une possible diminution de la sensibilité du coude et de la paume de la main. Les causes de ce syndrome sont les vibrations dues aux outils et les appuis prolongés. Les personnes travaillant dans l'abattage du bois, les orfèvres ou encore les cyclistes

[6] Illustration provenant du site internet de l'INRS :
http://www.inrs.fr/htm/les_troubles_musculosquelettiques_tms_membre.html
[7] Institut Universitaire de Santé au Travail de Rennes : http://www.med.univ-rennes1.fr/etud/med_travail/cours/troubles_musculo-squelettiques.html
[8] Idem
[9] Idem

professionnels sont exposés à ce genre de risque. Le traitement passe par la chirurgie, avec laquelle on obtient de bons résultats si c'est réalisé suffisamment tôt.

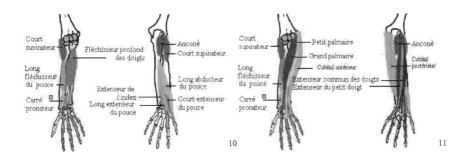

10   11

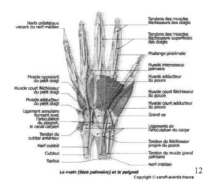

12

Enfin *le syndrome du canal carpien* est l'une des pathologies les plus fréquentes et connues des TMS. Il concerne aussi davantage les ILS dont la main dominante est le plus souvent atteinte.

Le nerf médian et les tendons fléchisseurs passent par le canal carpien situé au niveau du poignet. Ce canal est constitué par des os, des ligaments et divers tissus. Le nerf médian permet la sensibilité et la mobilité du pouce, de l'index, du majeur et pour une partie de l'annulaire. Le syndrome du canal carpien correspond à la compression de ce nerf médian par des tissus enflés ou enflammés (généralement le

---

[10] Illustration provenant du site internet : http://muscul.az.free.fr/avb1_m.htm
[11] Illustration provenant du site internet : http://muscul.az.free.fr/avb3_m.htm
[12] Illustration provenant du site internet : http://www.soins-infirmiers.com/fracture_pouteau_colles_poignet.php

ligament) situé dans la région intérieure de la main, c'est-à-dire le talon de la main. Par conséquent, la personne peut ressentir des engourdissements (paresthésies) de la main et des douleurs sur les trois premiers doigts (pouce, index, majeur) sur la face palmaire. Pendant la nuit ou au réveil, il est également possible de ressentir des fourmillements, des brûlures, des picotements. Dans certains cas, les douleurs de la main et du poignet irradient dans l'avant bras, le coude, et parfois l'épaule. Le syndrome du canal carpien provoque donc des douleurs intenses et prolongées, ce qui entraîne des gênes allant jusqu'à la paralysie. En effet, avec l'évolution de la maladie, la personne peut avoir une perte de sensibilité et de mobilité, d'où une fonte musculaire (amyotrophie). La personne se sent incapable de bouger ses doigts, a des difficultés pour saisir des objets, même les plus légers, elle devient plus maladroite et a mal dès qu'elle utilise sa main ou son poignet. De ce fait même les gestes les plus simples de la vie quotidienne deviennent douloureux et difficiles à réaliser (ex. téléphoner, conduire, se coiffer).

Même si le syndrome du canal carpien peut être associé à des accidents (blessures du poignet), des maladies (diabète) ou à la pratique d'un sport ou/et d'un loisir, c'est généralement les conditions professionnelles qui en sont les premières et principales causes.

Comme pour l'ensemble des TMS, les causes du syndrome du canal carpien sont les gestes répétitifs, ainsi que les gestes professionnels qui entraînent :
- « l'hyper-extension du poignet
- l'hyper-flexion du poignet associée à la flexion des doigts
- la compression par appui sur le talon de la main (directe ou par un manche d'outil) »[13]

Concrètement, c'est le fait de saisir ou de pincer des objets en fléchissant le poignet ou encore d'utiliser des outils vibrants.

Tous ces gestes professionnels ne sont pas caractéristiques d'une seule profession, mais concernent davantage les travailleurs manuels et ceux qui utilisent

---

[13] Institut Universitaire de Santé au Travail de Rennes : http://www.med.univ-rennes1.fr/etud/med_travail/cours/troubles_musculo-squelettiques.html

des outils vibrants. On peut citer les menuisiers et charpentiers, les maçons, les mécaniciens, les travailleurs à la chaîne, les coiffeurs, les caissiers, les musiciens, les personnes qui travaillent sur ordinateur, etc. La liste est longue, sans oublier les ILS qui font un métier à gestes répétitifs. Enfin, selon l'assurance Axa Santé, il semblerait que le « syndrome du canal carpien toucherait davantage les femmes après 50 ans ».

Bien qu'une longue période de latence est nécessaire avant l'apparition du symptôme (parfois 10 ans après l'arrêt de l'activité professionnelle), il est important de traiter précocement pour éviter la 'perte de la main'. En outre, plus le syndrome sera soigné rapidement plus les résultats seront de qualité. Lorsque la cause du syndrome est due à un accident ou une maladie, il faut d'abord soigner les blessures ou traiter la maladie. Lorsque cela est dû aux conditions de travail, il faut reposer la main et le poignet. Pour réduire la douleur il y a des analgésiques, des anti-inflammatoires ou encore l'application de glace, la nuit, la personne peut porter une attelle pour l'empêcher de plier le poignet. Lorsque le cas est plus grave, il est possible de faire des infiltrations locales.

La chirurgie intervient lorsque tous les traitements médicaux ont échoué et que la douleur persiste. Le chirurgien ouvre le canal carpien en sectionnant le ligament antérieur qui fait pression sur le nerf médian. L'opération est une intervention mineure qui ne dure que 15 minutes. En quinze jours et avec des pansements, le patient cicatrise. Il devra faire un travail de rééducation pour retrouver l'usage de son poignet et de sa main pendant quelques semaines ou quelques mois. Néanmoins, après une semaine, il pourra se laver les mains, et au bout de 10 jours conduire à nouveau. Selon l'activité professionnelle, il faut compter entre 15 à 21 jours après l'opération. Les douleurs seront présentes quelques temps et la sensibilité se recouvre lentement, tandis que les engourdissements disparaissent assez vite. Comme pour toutes opérations chirurgicales, celle-ci comporte des risques et des complications secondaires allant jusqu'à une réintervention. Par ailleurs une récidive est possible même si elle est rarissime.

Pour éviter tout syndrome du canal carpien il est important de passer par la prévention. Un arrêt de travail ou la réorganisation du rythme et de l'intensité du travail permet de reposer les poignets et les mains. Par exemple en évitant les gestes répétitifs ou en alternant les mains, en modifiant régulièrement sa posture de travail, en évitant d'avoir trop longtemps les poignets fléchis. Il est préférable de prendre les objets à pleine main au lieu du bout des doigts et d'éviter d'utiliser trop longtemps les outils émettant des vibrations. Enfin, il ne faut pas oublier de faire des pauses et de s'accorder un temps de récupération après des travaux répétitifs, car cela reste une des meilleures solutions pour soulager les mains et les poignets.

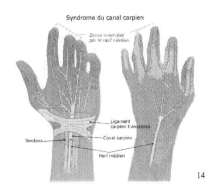

- Le dos

On retrouve toutes les maladies du dos avec les lombalgies (douleurs au bas du dos) et les dorsalgies. Ces maladies sont très fréquentes mais aussi moins faciles à délimiter car elles sont moins distinctives par rapport aux autres TMS. Les causes sont multiples, mais il est important d'en bien connaître la raison pour adopter le meilleur traitement. Au travail, les facteurs de risques sont de porter ou de tirer des charges lourdes, les positions assises ou debout prolongées et enfin tout ce qui entraîne une torsion latérale du torse. Pour traiter les maladies du dos il faut bien évidemment reposer le dos, on peut aussi prendre des médicaments ou faire de l'exercice. Il y a également la physiothérapie et la chirurgie qui sont envisageables.

---

[14] Illustration provenant du site internet :
http://www.passeportsante.net/fr/Maux/Problemes/Fiche.aspx?doc=troubles_musculosquelettiques_main_poignet_pm

- Le cou

Les douleurs du cou ou cervicalgies sont moins fréquentes que les douleurs au dos. La personne ressent une douleur au niveau du cou avec une possible raideur ce qui va limiter ses mouvements. Dans certains cas, la douleur peut aller jusqu'au haut du dos et aux épaules ou encore la personne peut avoir des vertiges et des maux de têtes. Dans d'autres cas la racine d'un nerf peut être comprimée ou enflammée, la personne va alors ressentir des « engourdissements, des fourmillements, ou une faiblesse dans un bras ou dans une main ».[15]

A l'instar des douleurs au dos, celles du cou ont aussi des causes multiples (ex. entorse cervicale, torticolis). Généralement le repos (8 à 12 semaines) et des légers étirements permettent de réduire ces douleurs. Il faut évidemment éviter les mouvements brusques et de trop grande amplitude. Dans les cas où le nerf est enflammé, on peut appliquer de la glace (10 à 12 minutes plusieurs fois par jour). L'activité professionnelle peut en être la cause (les peintres ou les métiers impliquant des postures assises prolongées, habituellement devant un ordinateur, mais aussi devant un microscope) mais également l'activité sportive avec les sports de contacts (boxe, hockey…). Il faut donc réorganiser son poste de travail pour l'adapter à sa taille, faire des pauses, s'étirer ou encore changer de position régulièrement.

Les vertèbres du cou

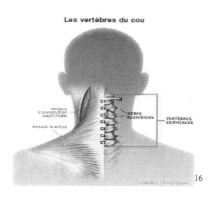

16

[15] PasseportSanté.net :
http://www.passeportsante.net/fr/Maux/Problemes/Fiche.aspx?doc=troubles_musculosquelettiques_cou_pm
[16] Illustration provenant du site internet :
http://www.passeportsante.net/fr/Maux/Problemes/Fiche.aspx?doc=troubles_musculosquelettiques_cou_pm

1.3.   Les statistiques et les facteurs de risques

1.3.1. Les statistiques des maladies professionnelles

Selon l'INRS[17] (Institut national de recherche et de sécurité) une maladie professionnelle est définie comme : « [...] la conséquence de l'exposition plus ou moins prolongée à un risque qui existe lors de l'exercice habituel de la profession. » Ce risque peut être physique (ex. : travailler sous des fortes chaleurs, le bruit des machines, les vibrations des marteaux piqueurs ou des engins agricoles), chimique (ex. : les odeurs de peintures, les vapeurs des produits d'entretien) ou biologique (ex. : l'amiante fibre minérale que l'on respire). Mais une maladie professionnelle peut également résulter des conditions de travail, comme c'est le cas des TMS.

La personne peut faire les démarches pour une demande de reconnaissance et obtenir une indemnisation auprès de la Caisse Primaire d'Assurance Maladie (CPAM) si sa pathologie figure dans les tableaux 57, 69, 79, 97 et 98 des maladies professionnelles du régime général ou aux tableaux 39, 29, 57 et 57bis du régime agricole. A l'heure actuelle, la liste établie des maladies considérées comme des TMS n'est pas exhaustive, elle compte plus de 150 maladies et syndromes. Cependant certaines maladies professionnelles se déclarent plusieurs années après le début de l'exposition au risque (ex. les maladies respiratoires dues à l'amiante) ou/et une fois toute activité cessée. Par conséquent il est très difficile de dater le début de la maladie.

En France, le nombre de maladies professionnelles ne cesse d'augmenter comme le montrent ces chiffres de la Caisse Nationale d'Assurance Maladie des Travailleurs Salariés (CNAMTS) et de l'INRS.

---

[17] INRS : institut national de recherche et de sécurité, association loi de 1901, « conduit des programmes d'études et recherches pour améliorer la santé et la sécurité de l'homme au travail », pour la prévention des accidents de travail et des maladies professionnelles.

	2000	2001	2002	2003
MP réglées	20 695	24 220	31 461	34 642
		+11,6%	+ 29,9%	+10,1%
MP avec IP	9 413	9 562	13 444	15 713
		+1,6%	+ 40,6%	+16,9%
Décès	237	318	426	485
		+34,2%	+ 34%	+13,8%
Journées d'IT	2 988 924	3 623 001	5 148 497	6 347 481
		+21,2%	+ 42,1%	+23,3%
	2004	2005	2006	2007
MP réglées	36 871	41 347	42 306	43 832
	+6,4%	+12,1%	+2,3%	+3,6%
MP avec IP	19 155	21 507	22 763	22 625
	+21,9%	+12,3%	+5,8%	-0,6%
Décès	581	493	467	420
	+19,8%	-15,1%	-5,3%	-10,1%
Journées d'IT	6 819 374	6 919 330	7 535 058	7 842 306
	+7,4%	+1,5%	+8,9%	+4,1%

Tableau n°1 : nombre des maladies professionnelles

MP : Maladie Professionnelle

IT : Invalidité Temporaire

IP : Invalidité Permanente

En italique : le taux d'évolution annuelle

Malgré une constante augmentation des maladies professionnelles ; en 2006 et 2007, les taux d'évolution annuelle sont les plus faibles. De même pour les invalidités permanentes, elles sont mêmes en baisse en 2007. Depuis 2005, les décès sont également en baisse. Le seul point négatif concerne les invalidités temporaires qui ne cessent d'augmenter.

Evolution des principales maladies professionnelles									
Tableau	**Intitulé**	**2000**	**2001**	**2002**	**2003**	**2004**	**2005**	**2006**	**2007**
57	*Affections périarticulaires*	*13104*	*15912*	*21126*	*23672*	*24848*	*28278*	*29379*	*30968*
30	Affections provoquées par les poussières d'amiante	2564	2984	3939	4366	4831	5715	5864	5336
98	*Affections chroniques du rachis lombaire dues aux charges lourdes*	*1551*	*1798*	*2251*	*2260*	*2313*	*2260*	*2251*	*2406*
42	Affections provoquées par les bruits	613	494	543	632	980	1198	1126	1214
30bis	Affections consécutives à l'inhalation des poussières d'amiante	346	370	555	652	818	821	867	956
97	*Affections chroniques du rachis lombaire dues aux vibrations*	*384*	*383*	*424*	*421*	*410*	*422*	*411*	*392*
25	Pneumoconioses consécutives à l'inhalation de silice	236	235	293	281	307	288	320	360
79	*Lésions chroniques du ménisque*	*98*	*171*	*231*	*254*	*292*	*299*	*316*	*347*
65	Lésions eczématiformes de mécanisme allergique	296	304	365	364	351	351	315	341
66	Affections respiratoires de mécanisme allergique	255	255	322	309	315	292	259	249
69	*Affections provoquées par les vibrations de certaines machines-outils*	*165*	*172*	*167*	*187*	*185*	*182*	*161*	*154*
8	Affections causées par les ciments	173	202	190	199	147	160	111	118
	Ensemble des maladies professionnelles	**20695**	**24220**	**31461**	**34642**	**36871**	**41347**	**42 306**	**43 832**

Tableau n°2: Evolution des principales maladies professionnelles[18]

En italique : les TMS reconnus comme maladie professionnelle

---

[18] Source INRS

Malgré la diminution de certaines affections (66, 69, 8), le nombre de maladies professionnelles va croissant, notamment pour les tableaux 57 et 98 pour des TMS, et le tableau 30 pour des affections provoquées par l'amiante qui comporte le plus grand nombre de cas.

Chaque année, dans l'ensemble des maladies professionnelles, l'ensemble des TMS (les tableaux 57, 98, 97, 79, 69 cumulés) a la part la plus importante. L'ensemble des TMS progresse plus et plus rapidement que les autres maladies professionnelles spécialement pour les affections du tableau 57. Même si pour les tableaux 98, 97 et 69 après différentes évolutions, le nombre de cas diminue à partir de 2005.

Selon l'assurance maladie, les TMS progressent de 18% environ par an et ce depuis 10 ans. Les statistiques ont augmenté avec les améliorations du dépistage des TMS. On détecte mieux et davantage les TMS, d'où la hausse des statistiques.

Selon le ministère du travail, en 2006, plus de 32500 TMS ont été indemnisés et sont la cause d'un arrêt maladie sur quatre. En d'autres termes 7 millions de journées de travail ont été perdues, soit 710 millions d'euros de frais. En 2007, le nombre de maladies professionnelles augmente, il est de 43832. Il y a plus de 34200 TMS indemnisés, soit 7,4 millions de journées de travail perdu et donc 736 millions d'euros de frais. A l'heure actuelle les TMS représentent 70% des maladies professionnelles reconnues, et sont la seconde cause d'indemnisation après les pathologies dues à l'amiante.

En Europe, en 2007, l'agence européenne pour la sécurité et la santé au travail révèle qu'il y a 25% des travailleurs européens qui se plaignent de maux de dos et 23% de douleurs musculaires. En 2004, l'Espagne comptait 86% de TMS dans les cas de maladie professionnelle. Dorénavant, la majorité des pays européens ont pour première cause les TMS dans les maladies professionnelles reconnues.

Différentes enquêtes montrent que les douleurs les plus fréquentes se situent dans le dos chez les adultes d'âge moyen. Toutefois, 47% des TMS concernent le poignet et la main, 30% l'épaule et 18% le coude[19]. En outre, les cas de TMS de l'épaule qui ne cessent d'augmenter entraînent des arrêts de travail plus longs ainsi que des taux d'invalidité permanente et partielle plus élevés. Par ailleurs, selon l'INRS, les femmes seraient davantage touchées que les hommes, de même que les salariés de plus de 40 ans et ceux qui sont exposés régulièrement aux facteurs de risques depuis plus de 10 ans.

1.3.2.Les facteurs de risques

Les TMS sont multifactoriels et les principaux risques sont liés à l'activité professionnelle quel que soit le secteur d'activité. Car les TMS ne résultent pas d'accidents, mais de l'exposition à certains facteurs de risque qui sont dus à l'évolution de l'organisation de travail. Par ailleurs, le nombre de facteurs de risque et/ou leur intensité jouent un rôle dans l'apparition d'un TMS. En effet, malgré l'automatisation des tâches, la mécanisation et le progrès technique en général, certains travaux restent pénibles avec une répétition des gestes, des poids de charges excessifs... sans oublier que lié à la productivité, le rythme de travail est soutenu. Les gestes selon leur amplitude, leur force et leur répétition, sollicitent de manière excessive les muscles ou les tendons entraînant par exemple une inflammation.

Les facteurs de risques sont très nombreux, mais on peut les diviser en deux grandes catégories : d'une part les facteurs environnementaux liés à l'activité professionnelle et d'autre part les facteurs individuels. Dans les facteurs environnementaux on peut encore découper en trois parties : les facteurs biomécaniques, organisationnels et psychosociaux. Toutefois ces différents facteurs sont fréquemment imbriqués, car un seul facteur de risque n'est pas suffisant pour provoquer un TMS.

---

[19] Dossier Web INRS : AUBLET-CUVELIER A., 2005, *Les troubles musculo squelettiques du membre supérieur*, collection Le point des connaissances, ED 5031 p.2

1.3.2.1. Les facteurs environnementaux

- Les facteurs biomécaniques

Ces facteurs sont liés au poste de travail et sont des contraintes physiques qui « dépassent la capacité fonctionnelle du sujet »[20]. Ces contraintes sont soutenues et/ou répétées sur quelques semaines, voire des années, elles sont à la fois nombreuses et de plus en plus fréquentes. Il y a par exemple : les postures inconfortables et statiques, les gestes répétitifs, les efforts excessifs et répétés, les ports de charges lourdes, la force nécessaire déployée...

A l'heure actuelle, on ne sait pas encore la part respective de chaque facteur à risque dans la survenue des TMS, ceux-ci sont imbriqués et diffèrent selon la nature des TMS et selon le travail. Chaque contrainte physique agit à différents niveaux aussi bien pour l'intensité et la fréquence que pour la durée de la tâche. Mais selon l'INRS, la répétitivité des gestes est la cause essentielle dans l'apparition des TMS pour le secteur industriel.

Les conditions climatiques (froid, chaleur, humidité), les vibrations ou encore le port de gants pour la sécurité sont des facteurs secondaires mais augmentent également les TMS. En effet, les gants réduisent la sensibilité et la dextérité manuelle, ce qui en résulte à augmenter la force de serrage nécessaire pour maintenir fermement un outil et/ou une pièce d'assemblage. Par conséquent il y a une tension supplémentaire qui se créé dans la main, le poignet, remontant dans le bras jusqu'à l'épaule ; c'est donc un facteur de risque biomécanique indirect. De même les conditions climatiques ont une incidence sur les facteurs biomécaniques, pour les métiers en extérieur, le froid, la chaleur, le vent...modifient la façon d'accomplir une tâche. Par exemple le froid oblige à porter des gants, engourdi les membres et oblige donc à augmenter sa force de serrage.

---

[20] Dossier Web INRS : AUBLET-CUVELIER A., 2005, *Les troubles musculo squelettiques du membre supérieur*, collection Le point des connaissances, ED 5031 p.2

- Les facteurs organisationnels

Il s'agit autrement dit de l'organisation spatiale et temporelle du travail. Elle va permettre ou non au salarié la possibilité d'aménager lui-même son temps de travail et ses tâches. Cela touche d'une manière générale l'environnement de travail et le mode de management. Par exemple si le salarié est soumis à des contrôles réguliers ou si la tâche qui lui est demandée est clairement explicitée. En outre, les contraintes de production influencent les contraintes organisationnelles. Par exemple le flux tendu (ou juste à temps : méthode d'organisation de la production avec un acheminement régulier de produits pour une mise en œuvre ou une vente immédiate pour éviter le stockage inutile) induit une augmentation de la charge de travail mais aussi une réduction du temps de réalisation et des marges de manœuvre pour les salariés. Sans oublier que le développement de la mécanisation, du travail à la chaîne lié aux contraintes de productivité sont à l'origine de la répétitivité des gestes précis avec une faible amplitude. Par conséquent, le salarié est trop longtemps dans des postures inconfortables, sans alternance de tâches, les postes de travail sont non ergonomiques, et le manque de pause ne lui permet pas de récupérer convenablement, ce qui augmente les effets des facteurs biomécaniques. Les facteurs organisationnels sont donc un risque de TMS et ils déterminent en partie les facteurs psychosociaux.

- Les facteurs psychosociaux

Les facteurs organisationnels (organisation et temps de travail, management, hausse de la productivité) ont une influence directe sur les relations interprofessionnelles, entre collègues et avec la hiérarchie, mais aussi sur les horaires de travail, le mode de rémunération et le climat social. De sorte que les mauvaises relations de travail, la pression, le manque d'autonomie et de reconnaissance, la peur du licenciement, les exigences contradictoires… engendrent du stress pour le salarié.

Selon l'Agence européenne pour la sécurité et la santé du travail, un état de stress « survient lorsqu'il y a déséquilibre entre la perception qu'une personne a des contraintes que lui impose son environnement et la perception qu'elle a de ses propres ressources pour y faire face ». Le salarié stressé travaillerait différemment, il ressentirait davantage ses douleurs et son temps de récupération serait plus long. Le stress est actuellement à l'étude comme facteur de risque pour la survenue de TMS ; il serait à l'origine de douleurs lombaires. Bien évidemment le stress est géré différemment par chacun, ce qui nous amène aux facteurs individuels et extraprofessionnels.

1.3.2.2. Les facteurs individuels

Ce sont des facteurs intrinsèques à la personne ; l'âge, le sexe, l'état de santé et les antécédents médicaux. Par exemple la ménopause, la grossesse ou l'hypothyroïdie (production faible d'hormones par la thyroïde) à cause des changements hormonaux, sont des facteurs de risques du syndrome du canal carpien. Tout comme le diabète s'il n'est pas soigné ou contrôlé peut être, dans certain cas, un facteur de risque pour certains TMS.

D'une manière générale cela englobe le style de vie de la personne et ses activités extraprofessionnelles, avec la pratique (ou non) d'un sport. Le tabac, l'alcool peuvent aussi être des facteurs de risque. Enfin, chacun a sa propre capacité pour gérer les facteurs psychosociaux, avec la gestion du stress, des émotions, des situations de travail... Par ailleurs ces différents facteurs individuels ont des rôles plus ou moins important selon la nature du TMS. Mais ces facteurs sont minoritaires par rapport aux précédents facteurs à risques.

2. Interprète en langue des signes française/ français : un métier comme un autre

Généralement nous associons les TMS avec les métiers agricoles et industriels, comme l'agroalimentaire (principalement le travail de la viande), l'automobile, la confection (textile, chaussures), la métallurgie, les travaux publics... Mais cela concerne également le bâtiment, la construction, le secteur hospitalier, la distribution des marchandises et l'emmagasinage. Ces secteurs sont caractérisés par les travaux répétitifs, cependant, même si les TMS concernent davantage les travaux ouvriers, ils sont également apparus dans d'autres secteurs habituellement peu touchés comme le

23

tertiaire. A savoir les employés de bureau, les personnels d'entretiens, les caissières, les couturières... Ainsi que les métiers dits plus 'prestigieux' notamment les musiciens (pianiste, violoniste) et les sportifs professionnels (tennismen, golfeur). Les TMS n'épargnent donc aucune profession, ni aucune entreprise quel que soit sa taille.

Mais à cette liste non exhaustive des professions à risques établie par les différentes études et sites d'information, celle d'ILS n'y apparaît jamais. Pourtant Bernard et al. (2007, pp. 61-62) dans *L'interprétation en langue des signes*, mentionnait que : « les interprètes en langues des signes des pays européens sont particulièrement touchés par ce que l'on appelle communément les TMS, les Troubles Musculo-Squelettiques. ». De manière plus concrète, une étude du Rochester Institute of Technology montre que les ILS sont également touchés par les TMS « devant les ouvriers et autres travailleurs de force » comme le rapporte l'article *Quand le travail fait mal* du Nouvel obs.[21] Dans cette étude « les experts ont mesuré leur vitesse de signature afin d'évaluer la fatigue du poignet et l'ont comparée avec différents groupes de travailleurs ». Il en résulte que la répétitivité des mouvements, le stress de la concentration exposent les ILS principalement au syndrome du canal carpien et aux tendinites.

Enfin, au Québec, les différentes études et recherches de l'IRRST (Institut de recherche Robert-Sauvé en santé et en sécurité du travail)[22] prouvent clairement que les ILS souffrent davantage de TMS par rapport à la population générale. Une enquête[23] a été menée auprès de 42 ILS sur leurs douleurs. Parmi eux, 81% ont des douleurs aux épaules, 79% au cou et 74% dans la région avant-bras poignets-main. Tandis que pour la population québécoise, ils sont 50% à ressentir des douleurs aux épaules, 41% au cou et 28% pour les avant-bras, les poignets et les mains. L'enquête notait également que 49% des interprètes avaient un niveau de stress élevé, contre

---

[21] BOURDON M., « *Quand le travail fait mal* », Sciences-et-Avenir.com, 18.04.2008,
http://tempsreel.nouvelobs.com/actualites/sante/20080418.OBS0282/quand_le_travail_fait_mal.html
[22] IRRST : l'Institut de recherche Robert-Sauvé en santé et en sécurité du travail est un organisme de recherche scientifique au Québec depuis 1980.
[23] Alain Delisle, Marie-José Durand, Daniel Imbeau, Christian Larivière, 2004, *Suivi de deux interventions visant la prévention des troubles musculo-squelettiques aux membres supérieurs en milieu de travail*, Rapport études et recherches

26% de la population québécoise en 1998. La même année en France, 80 ILS avaient répondu à un questionnaire[24], et 75% d'entres eux avait déjà consulté pour un syndrome lié au travail, dont 60% pour des troubles au niveau des mains, des doigts et des poignets. En principe, le métier d'ILS est identique quelque soit le pays, seules les langues de travail changent et les différents témoignages des ILS français que nous avons pu obtenir montrent qu'ils sont fortement soumis au stress et ressentent les mêmes douleurs. Nous allons voir que par certains aspects, le métier d'ILS ressemble aux métiers exposés aux TMS et présente les mêmes facteurs de risques.

2.1. Les aspects du métier

2.1.1. L'interprétation

Le métier d'interprète est un exercice mental intense et non naturel. Seleskovitch (*Interpréter pour traduire*, 1984) a défini l'acte d'interpréter pour les langues orales avec l'élaboration de la théorie du sens. C'est également valable pour les langues signées. Ainsi il ne s'agit pas de traduire mot à mot le message mais de le déverbaliser. En d'autres termes, l'interprète traduit l'intention du locuteur, son *vouloir dire*. Le cerveau effectue une série de tâches complexes que l'on appelle « les mécanismes de l'interprétation » (Bernard et al., 2007, p.86), cela passe par six étapes qui se répètent rapidement et se superposent :

- Recevoir le message dans la langue source
- Déverbaliser : « comprendre et analyser le sens »
- « Retenir le sens »
- « Visualiser des images mentales, ébaucher une première interprétation mentale »
- Interpréter vers la langue cible
- « Contrôler mentalement la bonne qualité de la traduction »

Selon la « théorie des efforts » de Gile (1985) l'acte d'interpréter se réparti entre : *l'effort d'écoute et d'analyse, l'effort de production et l'effort de mémoire.* Ainsi

---

[24] Emission de L'œil et la main du 24.10.1998 : L'interprète en langue des signes

l'interprète doit répartir son énergie correctement et équitablement entre ces trois efforts, pour garantir la qualité de la traduction. Ces efforts constituent une charge cognitive importante pour l'interprète. Ce mécanisme est le même quelles que soient les langues de travail de l'interprète, mais pour les langues signées il y a une contrainte supplémentaire puisqu'il faut changer de modalité. Les ILS doivent passer indifféremment d'une langue audio-vocale à une langue visuo-gestuelle. Ces langues sont linguistiquement et culturellement différentes. Sans oublier que les articulateurs des langues signées sont les membres supérieurs. (Villeneuve, 2006, p.53).

L'interprétation simultanée est la technique la plus utilisée par les interprètes. Elle consiste à traduire sans attendre le discours du locuteur contrairement à l'interprétation consécutive. Par conséquent, l'ILS est tributaire du débit de parole du locuteur, comme le rapporte Villeneuve (2006, pp.20-21) : « un débit moyen de parole à l'oral est d'environ 190 mots/minute (Martin, 1996). Certaines situations sont plus exigeantes que d'autres et l'interprète doit suivre le débit de l'interlocuteur et ajuster son activité cognitive en conséquence. » En effet selon la teneur du discours, l'effort cognitif demandé est plus important (Delisle et al, 2004). L'ILS doit rester attentif au locuteur sur une longue période. Il s'agit du discours d'un locuteur avec son propre débit, son propre rythme. Il énonce ses opinions et peut élaborer son discours au fur et à mesure. De ce fait, son discours n'est pas systématiquement clair ou/et compréhensible, ce qui rend la traduction plus ardue. En plus de la difficulté, la charge cognitive élevée peut solliciter les muscles du cou et des épaules, bien qu'aucune charge physique ne soit portée (Lundberg, 2002 ; Villeneuve, 2006, pp.26-27). Au final, la tension sur les muscles entraîne des douleurs dans cette zone et peut, pour certains, augmenter le stress.

Il a été vu que par mesure de sécurité ou à cause des conditions climatiques, le port de gant réduisait la sensibilité et la dextérité manuelle, la personne est obligée de serrer davantage un outil ou autre ; ainsi la tension supplémentaire partant de la main jusqu'à l'épaule peut donc être source de TMS. Les ILS ressentent une tension similaire due à l'effort de concentration et au contrôle de la traduction.

En revanche, en discussion spontanée, quand la LSF est une langue d'usage pour l'ILS, il s'agit de ses propos, ses opinions et il organise lui-même son discours, à tout moment il peut faire des pauses, ralentir ou accélérer son débit. Il peut également faire des digressions, réexpliquer certains passages en fonction de la réaction de son/ses interlocuteurs...Mais surtout il peut se lever ou s'asseoir. Tout comme les caissières ou les personnes travaillant dans les bureaux (sur ordinateur) les ILS en situation d'interprétation ressentent des douleurs au cou et au dos dues aux postures statiques prolongées. Il leur est donc conseillé d'alterner leurs positions, car la position debout réduit la tension lombaire. De plus selon Villeneuve (2006, pp.205-206) les ILS produisent des mouvements plus amples lorsqu'ils sont debout. Mais en contre partie cela demande plus d'énergie pour garder l'équilibre et augmente la charge musculo-squelettique à l'épaule. Les recherches ne sont pas assez poussées sur les ILS, pour connaître la part d'interprétation à réaliser debout par rapport à celle réalisée assis pour éviter les TMS.

2.1.2. La langue des signes française comme langue de travail

Bien évidemment ce n'est pas la langue des signes française (LSF) en tant que langue qui est propice aux TMS, mais son utilisation en tant que langue de travail et l'acte même d'interpréter. Habituellement, les sourds se considèrent à l'abri des TMS puisqu'ils pratiquent la LSF tous les jours et ne ressentent pas de douleurs. Or certains professionnels sourds ont déjà ressenti et exprimé des douleurs. Lors de l'université d'Automne intitulé « Interprétation & Langue des Signes », organisé par l'Afils le 7 et 8 octobre 2006[25] ; l'atelier G avait pour thème « Maladies professionnelles ». Il est dit dans le compte rendu (pp.23-25) qu'« une personne sourde témoigne qu'en situation de travail, elle éprouve des douleurs dans la nuque et les épaules, alors qu'en signant tous les jours, cela ne lui arrive jamais. Les professeurs de LSF ressentent de plus en plus de symptômes liés à la pratique de leur activité ». En effet, les traducteurs sourds et les professeurs sourds en/de LSF sont

---

[25] Afils : Association Française des Interprètes en Langue des Signes.
Site de l'Afils : http://www.afils.fr/index2.htm

tout autant exposés aux risques de TMS que les ILS. Dans le cadre professionnel, la LSF n'est plus utilisée comme langue d'usage pour s'exprimer spontanément, mais comme une langue de travail. Les traducteurs et professeurs sourds doivent contrôler leur discours et réaliser leurs gestes correctement, pour en quelque sorte 'ne pas mâcher leurs signes comme l'on peut mâcher nos mots'. D'une part pour que le locuteur sourd et l'entendant comprennent le message, et d'autre part pour que l'entendant ou l'enfant sourd apprenant reproduisent correctement le(s) signe(s), sans erreur dans les paramètres tel que la configuration ou l'emplacement.

Pour les ILS, l'Afils préconise de ne pas dépasser les 4h d'interprétation effective par jour, soit 2 heures par matinée. A cela se rajoute le temps de préparation, de déplacements, les tâches administratives. Cette répartition du temps est la même appliquée dans tous les pays scandinaves. Cela permet d'offrir une efficacité optimale de l'interprétation et de prévenir les risques de TMS, en évitant les tensions prolongées dans les membres supérieurs. Dans tous les cas au-delà d'une heure et demi d'interprétation d'affilé ou de plus de 4 heures accumulées dans la journée, la traduction devient moins bonne, avec le risque de voir apparaître des erreurs (contresens) ou des oublis. A l'instar des ILS, les professeurs et traducteurs sourds connaissent des douleurs et des tensions dans les bras. Ainsi en tout logique, ils devraient respecter un quota d'heures où ils utilisent la LSF comme langue de travail, pour éviter ces douleurs. Comme les tâches accomplies et les cadence de travail sont différentes de celle des interprètes, il reste encore à définir par des recherches, le bon quota d'heures à ne pas dépasser.

Nous pouvons aussi faire un parallèle entre la LSF qui est devenue langue de travail et l'activité de loisir ou sportive pratiquée de manière intensive. Certes, quelle que soit son activité de loisir ou sportive, lorsqu'elle est pratiquée régulièrement sans excès, elle n'est pas la source de TMS. En réalité, les musiciens et les sportifs professionnels sont exposés aux risques de TMS, car leur activité est devenue un travail.

Les musiciens classiques, en particulier d'orchestre sont davantage exposés aux TMS[26], notamment ceux des membres supérieurs et aux différentes douleurs du dos (dorsalgies, lombalgies, cervicalgies). Les musiciens professionnels sont exposés au stress, au trac de se représenter sur scène, aux répétitions, à la surcharge de travail, aux gestes répétitifs et au bruit ; ils n'adoptent pas forcément les bonnes postures, car ils ne les ont jamais apprises. En outre, chaque type d'instrument à ses propres caractéristiques et donc ses propres facteurs de risques à certains TMS. Par exemple, pour les pianistes, le fait de ne pas avoir une bonne position pour le bassin entraîne des tensions au niveau du cou, et les bras manquent en amplitude. Tandis que pour les violonistes c'est le bras qui tient l'instrument qui est le plus exposés aux douleurs.

Les sportifs professionnels n'échappent pas aux TMS, notamment les tennismen pour les épicondylites, comme les nageurs et les lanceurs de poids risquent des tendinites de l'épaule car ils lèvent fréquemment le bras en exerçant une force vers l'avant. C'est de la répétition du geste que va naître l'inflammation de l'articulation de l'épaule. Ainsi quel que soit le sport, les facteurs en cause sont les mêmes, c'est-à-dire, la répétition des gestes, les efforts physiques, les tensions et le stress des compétitions, les entraînements répétitifs, les temps de repos insuffisants...

En définitive, c'est dans le cadre d'une activité professionnelle que l'activité de loisir ou sportive devient une répétition excessive des mêmes gestes qui génèrent des risques de TMS, de même pour l'ILS avec la LSF.

2.1.3.Les mouvements répétés

La répétitivité et l'amplitude des mouvements se retrouvent chez les personnes travaillant à la chaîne ou les caissières. Ces dernières lorsqu'elles scannent les articles, soulèvent 93% des articles entraînant « des mouvements répétés des membres supérieurs, le plus souvent sans appui et sous tension, avec une large amplitude de mouvements ».[27] Elles sont donc exposées aux risques d'épicondylites

---

[26] SCHWARTZ G. « Musiciens classiques : bien orchestrer la prévention ». *Travail et sécurité*, n° 663, juin 2006, pp. 2-9
[27] Institut Universitaire de Santé au Travail de Rennes : http://www.med.univ-rennes1.fr/etud/med_travail/cours/troubles_musculo-squelettiques.html

et au syndrome du canal carpien. Les ILS produisent également des mouvements répétés, avec une amplitude plus ou moins grande, à « une fréquence de 270 mouvements des membres supérieurs par minute » (Villeneuve, 2006, p.20). De même comme le souligne Delisle et al. (2004, p.1) : « une analyse semi-quantitative a révélé qu'une tâche typique d'interprétation de 50 minutes comportait 13 600 mouvements du poignet (Shealy et al., 1991). Cette fréquence élevée de mouvements supporte également un lien possible entre le travail d'interprétation et les troubles musculo-squelettiques, considérant que les mouvements dynamiques du poignet ont été rapportés comme un facteur de risque pour les troubles musculo-squelettiques de la région avant-bras-poignets-mains (Malchaire et al. 1997; Marras and Schoenmarklin 1993) ». L'amplitude et la répétition des gestes des ILS, les exposent au même titre que les caissières aux TMS situés aux mains, aux poignets et aux bras ; avec un risque supérieur pour la main dominante de l'ILS due à une pratique supérieure puisqu'elle est davantage sollicitée, notamment pour la dactylologie.

Le déploiement des signes entraîne un effort de stabilisation statique dans la région cou-épaules. Cette activité musculaire plus soutenue serait la cause, dans cette zone, des TMS des ILS. Cependant il n'y a pas de grande différence sur l'amplitude et la répétitivité des mouvements dans l'acte d'interprétation et les autres tâches de travail (Delisle et al., 2004), mais la rapidité, les accélérations et surtout les changements de vitesse sont supérieurs chez les ILS. Selon Delisle et al. (2004, p.31) « La vélocité moyenne en flexion/extension chez les ILV [interprètes en langage visuel] dans la présente étude était de $53^{\circ}s^{-1}$, ce qui est sensiblement plus élevé que celle rapporté par Marras et Schoenmarklin (1993) pour un groupe de travailleurs industriels à haut risque de TMS dans la région poignet – main ($42^{\circ}s^{-1}$). Elle est également légèrement plus élevée que la vélocité moyenne de $46^{\circ}s^{-1}$ observée pour une tâche de contrôle de la qualité hautement répétitive (Arvidsson et al. 2003) ».

En outre, d'une manière générale le nombre de pauses et le repos musculaires sont rares. Contrairement aux caissières ou aux autres métiers, les ILS ne bénéficient pas pendant l'acte d'interprétation de pauses complètes leur permettant de relâcher complètement et longtemps leurs bras. Dans les situations où le travail en binôme est nécessaire, les ILS se relayent toutes les 15 minutes, sinon seuls, ils font une pause au bout d'une heure. Néanmoins, il est possible pour l'ILS de faire des micro-pauses pendant l'interprétation, entre deux phrases ou quand le locuteur cherche ses mots, ou encore lorsque l'ILS attend une unité de sens pour commencer sa traduction. Mais l'étude de Villeneuve (2006, p.201) observe que si le contenu du discours est plus ardu, les ILS ont moins de possibilités de faire des pauses, donc de poser ou de relâcher les bras et ainsi libérer la tension musculaire, de même que la charge cognitive élevée et le stress limitent les temps de repos musculaire.

2.1.4. Comparaison avec le métier de codeur en LPC (Langage Parlé Complété)

Il n'y a pas que les ILS qui sont soumis à ces contraintes, en fait, il y a également le codeur en LPC.

Le LPC[28] (Langage Parlé Complété) est un code manuel d'aide à la lecture labiale qui permet de désambiguïser les sosies labiaux. Le métier de codeur en LPC est reconnu par la loi du 11 février 2005 pour l'égalité des droits et des chances, la participation et la citoyenneté des personnes handicapées (article 78). De nos jours, on compte à peu près 200 codeurs certifiés par l'ALPC (l'Association Nationale pour la promotion et le développement de la Langue française Parlée Complétée). Or à l'instar du manque d'ILS, un millier de codeurs serait nécessaire pour couvrir l'ensemble des besoins.

Le codeur en LPC est avant tout un professionnel de la surdité qui intervient pour une ou plusieurs personnes sourdes, dans des situations où la lecture labiale est difficile ou impossible. Le rôle du codeur est de transmettre tous les messages oraux en français à l'aide du code LPC. Il intervient dans les mêmes lieux que l'ILS.

---

[28] Il s'agit de 'clés manuelles' combinées à un emplacement près du visage qui indiquent des syllabes (emplacement de la main = voyelle, forme de la main = consonne). Le code se compose de huit configurations de main pour représenter les consonnes ainsi que de cinq localisations autour du visage pour représenter les voyelles. Ce n'est pas une langue, mais bien un code simple et rapide à apprendre qui permet d'accéder à la structure phonologique de la langue orale. Cependant le déchiffrage reste difficile et plus long à maîtriser.

L'ANCO (l'Association Nationale des COdeurs)[29] décrit le rôle du codeur selon le contexte. En milieu professionnel : « Il peut intervenir à la demande de la personne sourde, lors de réunions, séminaires, stages. Il retransmet les interventions de tous les interlocuteurs en indiquant qui prend la parole. ». En milieu privé, pour des rendez-vous médicaux, financiers, judicaires... il est précisé qu'« une personne sourde peut se faire accompagner d'un codeur qui retransmettra fidèlement le message de l'interlocuteur. Il sera évidement tenu au secret professionnel et fera preuve de neutralité. » Tandis qu'en milieu scolaire : « Il fait partie de l'équipe pluridisciplinaire. C'est une des personnes intervenant le plus auprès de l'élève en classe ». Le plus souvent le codeur en LPC intervient en milieu scolaire et accompagne un élève sourd dans sa scolarité. Il s'agit d'enfant ou de jeunes sourds intégrés dans des classes ordinaires, donc au milieu d'entendants. Sur le forum des codeurs en LPC[30] il y a une présentation du métier dans le cadre scolaire : *« Il accompagne l'élève sourd dans ses apprentissages en adaptant le discours de l'enseignant en fonction du niveau de langage de l'élève, de son vocabulaire, de ses compétences et de ses difficultés. Cependant il ne modifie pas le contenu pédagogique du discours qu'il code.*

Il lui arrive même d'utiliser selon l'âge de l'élève et la situation des aides visuelles. [...] Il doit être redondant afin de favoriser l'acquisition de la langue française, du vocabulaire, des règles syntaxiques, des expressions... mais aussi pour l'accès au sens et à la compréhension du discours oral. Il (re)donne des modèles linguistiques pour que l'élève les associe au sens qu'il a compris. Le codeur aide à la socialisation de l'élève au groupe classe. »

En d'autres termes, le rôle du codeur en LPC est d'accompagner l'élève sourd dans la compréhension et l'expression du français oral et écrit. Néanmoins, dans une certaine mesure, il serait possible de mettre en parallèle certains aspects de ce métier avec celui d'ILS, tout comme dans ce témoignage sur le forum des codeurs en

---

29 Site de l'Anco : http://anco.asso.free.fr/
30 Forum des codeurs LPC : http://codeurlpc.one-forum.net/le-metier-de-codeur-f1/presentation-du-metier-de-codeur-t3.htm

LPC[31] : « *J'ai parlé dans un post qu'il m'est déjà arrivé de travailler en binôme lors d'une conférence, et heureusement!!!*

Or je sais que les interprètes en langue des signes ne travaillent que 2 heures seuls, au delà, ils sont 2 voire plus...En disant cela je ne critique pas du tout, au contraire <u>cela devrait seulement être pareil pour nous</u>*!!*

Moi il m'arrive fréquemment de coder 8h ! Pourquoi ces inégalités alors que le travail s'apparente fortement tout de même non? : Public sourd, concentration, effort physique, mémorisation. Seule la retransmission change!!

Je me demandais s'il existait des codeurs qui travaillaient comme les interprètes? »

Selon cette codeuse en LPC, certains aspects du métier sont similaires à celui d'ILS, sauf sur le fait qu'elle retransmet le message tel quel, sans le processus de traduction d'une langue A vers une langue B, ni sur la partie adaptation du discours. En effet, quel que soit le lieu d'intervention, l'ILS ne modifie pas sa façon de travailler, il respecte le code de déontologie de l'Afils. Par conséquent il n'interviendra pas en classe, pour aider le sourd, et il n'utilise pas de support visuel hormis le tableau du professeur pour faire des pointages.

Toutefois il est possible de mettre plusieurs choses en parallèle entre le métier d'ILS et celui de codeur en LPC. Comme il est dit dans le témoignage, sur le fait d'avoir le même public sourd et entendant, et par les efforts de concentration, de mémorisation et la fatigue physique. Mais aussi sur le nombre d'heures de travail. Normalement, les ILS ne dépassent pas les 4 heures d'interprétation par jour. Tandis que les codeurs n'ont pas de limite de temps, il leur arrive donc fréquemment de coder 8 heures par jour. On peut s'attendre en toute logique, à ce qu'ils ressentent des douleurs dans une main et le bras (puisqu'une seule main est utilisée pour coder en LPC). Les mouvements de la main sont de plus faible amplitude que ceux en LSF, mais la production des clés manuelles est répétitive. De plus le codeur doit suivre le rythme et le débit de la personne, ce n'est pas son propre discours, et il recode également des propos avec lesquels il n'est pas en accord. Le codeur est donc à

---

[31] Forum des codeurs LPC : http://codeurlpc.one-forum.net/le-mtier-de-codeur-f1/pourquoi-pas-les-mmes-conditions-que-les-interprtes-t61.htm

l'écoute des propos de l'autre, concentré, avec une certaine tension dans la main, il réarticule les mots, ce qui peut provoquer également des tensions dans la mâchoire, voir même des tendinites. Comme la LSF qui est utilisée comme langue de travail, nous pouvons émettre l'hypothèse que le LPC utilisé en dehors d'un contexte de travail, lors d'une production spontanée ne doit pas entraîner de tension dans le bras. Mais cela reste au stade d'hypothèse, il serait donc intéressant de mener une étude plus approfondie sur cette profession et des risques qui l'expose aux TMS. Un sondage a eu lieu sur le forum, sur la répartition du codage sur le temps de travail. Mais avec cinq participants, ce sondage n'est en rien illustratif de la situation des codeurs en France. En effet, c'est une profession jeune et il n'y a pas beaucoup de codeur sur le forum.

2.2.   Les spécificités du métier

2.2.1. Le manque de reconnaissance

Lors de l'université d'Automne organisé par l'Afils, les participants de l'atelier C ont débattu sur le thème « syndicat et conditions de travail ». Le compte rendu (pp.8-11) exposait les réalités différentes que couvre le métier d'ILS ; selon son lieu de travail, son statut (salarié ou vacataire), s'il travaille seul ou avec des collègues... Il en ressort que le métier d'ILS est peu répandu et méconnu car il s'est professionnalisé tardivement. Comme le dit le journal de l'Afils (avril 2005, n°55) : « depuis 1980, période du « réveil » des Sourds français utilisant la LSF, la profession s'est structurée autour de la différence linguistique plutôt qu'autour du déficit sensoriel ». Il y a un manque de reconnaissance des ILS, d'une part des employeurs car malgré un diplôme bac+5, cela n'est pas reconnu dans les conventions collectives. De plus, comme il n'y a pas d'unité nationale, les situations varient selon les régions et les établissements. D'autres part, l'ILS doit défendre ses conditions de travail ainsi que son rôle face à l'employeur et aux clients (davantage dans les régions où il y a peu d'interprètes).

Par ailleurs, l'ILS peut manquer d'autonomie dans les décisions concernant son travail, par exemple, s'il ne gère pas son planning ou ses horaires de travail, il est tributaire des décisions prises par son chef de service qui bien souvent n'est pas ILS et/ou ne connaît pas les spécificités du métier. Le risque est donc que l'ILS se retrouve avec des journées trop chargées. Ce manque de liberté et la mauvaise gestion de ses tâches peuvent être un facteur de stress supplémentaire. Delisle et al. (2004, p.31) souligne : « qu'une faible autonomie décisionnelle était fréquemment rapportée par les interprètes ayant des douleurs. […] Notre enquête révèle également que la détresse psychologique est élevée chez les interprètes en comparaison avec la population québécoise. »

Le métier d'ILS souffre d'un manque de reconnaissance général, mais n'importe quelle personne peut, dans son métier, éprouver ce manque de reconnaissance pour son travail accompli ou pour ses compétences. Le travail à la chaîne par exemple, offre à la personne peu de possibilité d'innover, d'aménager son travail. Ce manque de liberté peu entraîner une lassitude et une dévalorisation du métier.

2.2.2. Les excès d'heure d'interprétation : principale cause des douleurs

Etant donné le faible nombre d'ILS en France, un questionnaire n'aurait pas été suffisamment représentatif, d'où le recueil des témoignages de quatre ILS ayant des douleurs. Pour chacun la douleur est apparue au bout de plusieurs années de pratique, généralement au bout de 10 ans. Ils n'ont pas forcément interprété avant d'obtenir le diplôme. Pour tous, ces douleurs sont situées dans les membres supérieurs (mains, poignets, coudes, épaules), mais aussi dans les cervicales, le dos et la nuque. Pour l'un, la douleur apparaît à différents moments, des douleurs dans l'épaule et le coude apparaissent dès qu'il interprète plus d'une heure. Tandis que pour une autre c'est après l'interprétation : « *Les douleurs n'apparaissaient pas forcement au cours des interprétations mais plutôt après, bien que parfois j'avais la sensation d'avoir un bras en plomb lors des interprétations et une perte de contrôle de mes doigts (mauvais signes et malformés). Les douleurs étaient essentiellement sur tout le bras.*

La nuque ne devenait douloureuse que parce que je compensais la douleur du bras. La fréquence est difficile à estimer. Les douleurs étaient plus présentes en période stress et de fatigue. » Ces douleurs peuvent devenir des tendinites à répétition, les empêchant de travailler temporairement ou dans le pire des cas, à arrêter définitivement. En outre, les douleurs peuvent apparaître sous forme de crise qui dure jusqu'à trois mois.

Les excès d'heures d'interprétation sont à chaque fois la cause de l'apparition des douleurs : « *Overdose d'interprétation pendant mes 8 premières années environ (6h/jour)* ». Dans le journal de l'Afils n°50 (décembre 2003), il est écrit que l'ANPILS (Association Nationale Pour l'Interprétation en Langue des Signes qui deviendra l'Afils) en 1991 préconisait déjà 23h d'interprétation par semaine (sans dépasser les 25h) incluant les temps de déplacement. Or pendant des années ces ILS ont traduit plus de 4h par jour, jusqu'à 6 heures pour certains, avec des pauses insuffisamment longues. Une pause de 5 minutes entre 2 heures d'interprétation n'est pas suffisamment longue pour permettre de relâcher la pression et se changer les idées. Mais que l'ILS travaille dans un service, un institut ou une association, cet excès d'heures d'interprétation est du fait de l'employeur qui ne respectait pas les conditions de travail de l'ILS, car il n'y a aucun texte officiel et les employeurs ne sont pas obligés, légalement, de respecter ce quota d'heures. C'est donc à l'ILS de démontrer les risques de faire trop d'heures d'interprétation.

A partir du moment où les douleurs ont été identifiées, les ILS ont pris différentes dispositions pour y remédier. Pour certains, les douleurs peuvent encore apparaître s'ils dépassent une heure d'interprétation ou s'il y a deux ou trois journées chargées qui s'enchaînent. Cependant pour certains ILS, il peut y avoir un terrain préalablement fragile, comme pour cet ILS qui a débuté sa carrière tardivement, et ses douleurs étaient présentes bien avant le démarrage de ce nouveau métier : « *Je pense que j'ai de l'arthrose donc ça n'a rien à voir avec l'interprétation. J'ai toujours eu des problèmes de lombaires, et toujours eu de l'arthrose ce qui ne s'arrange pas avec l'âge. Je remarque que plus je travaille beaucoup, plus j'ai mal. J'ai des douleurs au niveau des mains et des bras une semaine avant de prendre une semaine de vacances. Je fais 6-7 semaines de travail et après 1 semaine de vacances. Mais ce n'est pas systématique, des fois je n'ai pas mal. Dans le doute, je fais gaffe au niveau de la quantité de boulot, au repos... au cas où si ça a une incidence. Mais je n'ai pas identifié ça comme un lien direct. J'ai commencé tardivement le métier d'ILS, au niveau de l'âge, donc je fais plus attention par rapport aux jeunes qui démarrent. Je fais plus attention aux douleurs. Sur une douleur le métier ne va pas arranger le coup. »*

L'âge où l'on commence le métier d'ILS est important, en effet, plus nous sommes âgés, plus nous risquons d'avoir des douleurs qui s'intensifieront avec le métier d'ILS. De même une grossesse peut être un facteur déclenchant : « *Les problèmes de canal carpien (main droite) ont commencé lorsque j'ai attendu mon premier fils (douleurs fréquentes lors d'une grossesse) mais n'ont pas disparues après l'accouchement et se sont même accentuées à la reprise du travail ; des douleurs (plus rares) sont aussi apparues à la main gauche.* »

Il est impossible d'avoir des chiffres précis sur le nombre d'ILS qui ont fait reconnaître leurs douleurs comme des TMS et donc comme maladie professionnelle. Certains y parviennent comme le décrit Patricia Duroyaume[32] dans le journal de l'Afils : « *J'ai été reconnue en Maladie professionnelle dès ma première demande, dossier fait par le médecin du travail puis j'ai eu des entretiens avec des contrôleurs de la Sécurité Sociale et des visites sur mon lieu de travail* ». Cependant les démarches sont loin d'être aisées comme en témoigne Sandra Collin dans le même journal [33] : « *Cela a été très long et pénible car notre métier reste encore assez méconnu. J'ai vu plusieurs médecins qui ont fait des diagnostics différents, qui n'étaient pas d'accord... On m'a d'abord parlé du Syndrome d'Arnold, puis du Syndrome du défilé thoraco brachial. Je suis restée une bonne année à souffrir et à continuer à traduire. Donc mon état a empiré. Je ne pouvais plus lever le bras. [...]* **Quel est le diagnostic exact aujourd'hui ?** *Tendinite de la coiffe des rotateurs de l'épaule droite avec conflit sous acromial, et bec ostéophytique de l'articulation.*

---

[32] Journal de l'Afils, décembre 2007, n°64, pp. 16-17
[33] Idem

Comment as-tu fait pour faire reconnaitre ta maladie en maladie professionnelle ?
Là encore c'est un vrai parcours du combattant, c'est long mais la maladie est reconnue par la sécurité sociale comme maladie professionnelle. Elle fait partie du tableau 57 des maladies pro. J'ai rencontré le médecin du travail qui m'a beaucoup soutenue dans mes démarches ».

Enfin, cela dépend aussi beaucoup de la situation de l'ILS : « *Pour ma première opération la question de maladie professionnelle n'a même pas été abordée d'une part parce que j'étais en congé parental donc cela n'embêtait personne (sauf moi !!) et d'autre part le médecin du travail de l'époque pensait que cela n'était pas possible. Selon elle le tableau des maladies du travail de la sécurité sociale était très cadré et bien que mes symptômes soient les mêmes que ceux décrits dans la case des maçons, je n'étais pas maçon, donc pas de reconnaissance possible. Le métier d'interprète LSF est un grand mystère pour la sécu !!! Pour l'opération de la main droite en 2009 le responsable administratif m'a proposé de monter un dossier mais sans être sûr que cela serait reconnu par la DASS. J'ai refusé car cela pouvait entraîner des soucis pour mon poste dans le futur (genre reclassement obligatoire sur un poste qui ne m'intéresserait pas forcement). Donc je n'ai pas de reconnaissance ».*

2.2.3. La gestion de l'affect et le stress

Il n'y a pas que l'excès d'interprétation qui est la cause de douleurs, il y a aussi tout ce qui se passe pendant l'interprétation. L'ILS est amené à traduire dans des situations très variées, avec un nombre d'interlocuteurs différents selon si c'est un simple rendez-vous de liaison avec habituellement deux personnes à l'opposé d'une réunion ou d'une conférence. Tous les domaines sont couverts : santé, justice, financier, scolaire, formation, travail... Selon le thème des rendez-vous, il peut y avoir une palette importante d'émotions, des tensions ou à l'inverse une ambiance détendue. Dans tous les cas, l'ILS travaille au contact des personnes avec un certain affect à savoir gérer. L'ILS étant tenu à la neutralité, doit savoir gérer ses émotions et ne pas les montrer pour ne pas affecter la qualité de sa traduction. Lors de l'université d'Automne de l'Afils, l'atelier B avait justement pour thème « Gestion de l'affect en situation d'interprétation ». Le compte rendu (pp.4-7) relate les échanges des participants et notamment leur définition de l'affect : « une émotion qui les touchait particulièrement : une frustration, une angoisse, un stress, un énervement, de l'empathie, une souffrance, une perte de contrôle, de la tristesse... Une émotion plutôt désagréable qui se décline de différentes façons selon la personne et la situation ». Les émotions positives n'ont pas pour autant été mises de côté. Selon le vécu de la personne, sa propre sensibilité, son expérience professionnelle, son affect, ses émotions se manifesteront différemment, et chaque ILS les gèrera à sa manière. Comme l'affect est inévitable pour les ILS, ils doivent apprendre à le gérer et à évacuer au mieux le trop plein d'émotions. En effet, cela fait partie des facteurs individuels de savoir gérer les facteurs psychosociaux. Même si les facteurs individuels sont des facteurs de risque minoritaires, ils peuvent renforcer les risques des TMS.

Plus précisément, le stress comme facteur de risque est encore à l'étude. Les ILS n'échappent pas au stress comme n'importe quelle autre profession. Différents aspects du métier peuvent être à l'origine de stress. Tout d'abord lors de l'interprétation d'un point de vue linguistique : lié au locuteur, à sa clarté et à son débit, mais aussi le fait même de traduire en simultané, ce qui implique un court délai pour réaliser les mécanismes de l'interprétation. Ensuite l'environnement, si les lieux sont bruyants ou non, la température de la pièce, s'il y a des allées et venues. Puis d'un point de vue des relations interpersonnelles et si le rôle de l'ILS est bien compris. De même la confiance en soi de l'ILS est importante, celle qu'il a dans ses capacités à traduire. Enfin dans certains cas, le stress peut augmenter, lorsque l'ILS n'est pas en accord avec ce qu'il traduit, si ce sont des propos erronés ou s'il s'agit de mauvaises nouvelles. L'ILS risque de se focaliser sur ce fait et être moins attentif à ce qu'il traduit, ou porter trop d'effort à ne pas laisser transparaître ses émotions, sa désapprobation, ce qui déséquilibre ses efforts, et affecte donc l'interprétation. Il y a donc différentes conditions pour que la situation d'interprétation soit optimale, et l'ILS malgré ses efforts, ne peut pas toutes les contrôler.

En outre le stress peut provenir, comme pour d'autres métiers, des déplacements à effectuer dans des délais restreints et donc la peur d'arriver en retard à un rendez-vous. Les horaires variés, les rendez-vous d'urgence, le nombre de personne en présence, le manque d'affinité avec les clients, les relations hiérarchiques, les conditions de travail à faire respecter ; en fait les imprévus d'une manière générale. Mais aussi le fait de travailler seul ou de ne pas avoir suffisamment de soutien de la part de ses collègues.

Pour les ILS le stress provient principalement de l'acte d'interprétation plus que des facteurs individuels. Mais quelle que soit son origine, il augmente la charge musculo-squelettique sur les membres supérieurs, en particulier sur le cou et les épaules et augmente le temps de récupération. La personne devient plus 'fragile' aux facteurs de risques des TMS.

En résumé, pour le métier d'ILS les principales causes de TMS sont en premier lieu les excès d'heures d'interprétation, le rythme, les déplacements. Et à cela se rajoute les facteurs individuels (mauvaise gestion de l'affect, douleurs antérieures), ce qui entraîne une fatigue accumulée, du stress, des insomnies, des tensions dues aux émotions et donc au final un terrain propice aux TMS.

2.2.4.Un métier oublié

Le métier d'ILS est similaire à celui de n'importe quel autre interprète de langue vocale. Il s'est créé du même besoin de communiquer entre deux personnes n'ayant pas la même langue. Il y a la même déontologie et les règles de fonctionnement (ex. travailler en relais si l'interprétation dure au-delà de 50 minutes). Mais les interprètes en langues vocales sont plus connus, mieux formés et cadrés car plus anciens. En fait la seule différence est que le métier d'ILS s'est professionnalisé récemment par rapport aux interprètes de langues vocales. Cela est sans doute lié à l'histoire de la communauté sourde et de sa langue encore jeune ; car elle a été interdite pendant une centaine d'années du congrès de Milan en 1880 jusqu'au au 'réveil sourd' dans les années 80, pour aboutir à la récente reconnaissance de la LSF comme langue à part entière avec la loi du 11 février 2005.

De ce fait, le métier d'ILS est méconnu et étant donné le faible nombre d'ILS (environ 280), il y a très peu d'études faites sur les TMS incluant le métier d'ILS, hormis les recherches faites par les personnes travaillant ou connaissant la communauté sourde. Comme le souligne Delisle et al. (2004, p.1) : « Étant donné le nombre relativement petit des travailleurs qui exercent cette profession, des études épidémiologiques canadiennes, voire québécoise, n'existent pas pour ce type de travail ».

Par ailleurs, comme la profession est jeune, il n'est pas établi que les TMS touchent intégralement les ILS puisque les premières douleurs apparaissent généralement au bout de 10 ans de pratique. De plus les conditions de travail sont variables selon le lieu de travail, l'employeur... Par conséquent le métier d'ILS ne représente pas la majorité des personnes ayant des TMS, la profession n'intéresse pas les différentes études de prévention menées.

3. Les conséquences et la prévention des troubles musculo-squelettiques

Comme nous l'avons vu, si les TMS ne sont pas soignés, ils peuvent entraîner une incapacité à travailler. Lorsque les douleurs sont ignorées, lorsque les facteurs de risques sont toujours présents, le trouble s'installe définitivement. Les ILS ont recours à plusieurs méthodes pour atténuer la douleur : « *Infiltrations pour les crises les plus graves. Repos, kiné, ultra sons et harpagophytum pour les crises moins graves* », « *Les tendinites ont été soignées par anti inflammatoires, port de coudière, épaulière et poignet avec séance de kiné toutes les semaines. Le canal carpien étant moins fort j'ai continué les infiltrations.* »

La prise de médicaments peut être une solution pour atténuer la douleur. Cependant cela ne fait que masquer le problème sans apporter de solution. Si les facteurs de risque ne sont pas supprimés, s'il n'y a pas un minimum d'aménagement du travail, les douleurs vont persister. De plus, par l'effet d'accoutumance, la personne risque d'augmenter les doses. Ainsi, pour certains le traitement thérapeutique n'est pas suffisant et l'opération chirurgicale reste la seule solution. A Paris, chaque année, plus de 5000 personnes sont opérées pour le syndrome du canal carpien. Nous n'avons pas réussi à obtenir des chiffres précis sur le nombre d'ILS ayant subi une opération à cause d'un TMS.

Néanmoins, les TMS engendrent un lourd coût économique, avec des millions de journées de travail perdues, donc des millions d'euros de frais. Les cotisations des entreprises couvrent en partie les frais liés aux maladies professionnelles déclarées et reconnues. Mais ne rien faire ou une prévention inefficace augmentera de manière colossale ce coût socio-économique.

Il est possible pour l'entreprise d'évaluer les différents coûts. D'une part, les coûts directs, les plus faciles à évaluer qui sont :
- les cotisations à l'assurance maladie,
- les indemnités versées pour les salariés malades (absences, soins),
- les frais pour les aménagements de poste de travail des salariés atteints de TMS,
- le remplacement des salariés absents, etc.

D'autre part les coûts indirects :
- la perte de temps,
- la diminution de la production et de la qualité,
- la hausse d'absentéisme, et de turnover (renouvellement du personnel, avec un roulement avec ou sans remplacement partiel),
- une baisse de la performance des salariés atteint de TMS,
- les difficultés pour reclasser ces salariés,
- une dégradation de l'image de l'entreprise entraînant des difficultés pour recruter mais aussi une perte de confiance pour les clients.

Pour les salariés atteints de TMS, ils voient leurs compétences changer. Bien souvent, lorsque sur un point de vue médical leurs troubles sont stabilisés, soignés, il n'est pas pour autant possible qu'ils retrouvent leur poste sans un réaménagement. Il faut prendre en compte leurs nouvelles inaptitudes. Si ce n'est pas le cas, les salariés se retrouvent alors exclus du monde du travail.

Selon l'adage 'mieux vaut prévenir que guérir', le traitement des TMS doit passer par une prévention efficace. Elle doit être menée par les pouvoirs publics et l'entreprise, auprès de chaque salarié.

3.1. La prévention

3.1.1. Définition

La prévention des TMS et des maladies professionnelles est nécessaire pour améliorer la santé et les conditions de travail du salarié, mais aussi pour améliorer la productivité et la qualité des produits de l'entreprise. Elle a pour objectif de réduire les facteurs de risque par différentes stratégies. Pour une prévention des TMS optimale et efficace, il faut inciter des changements permanents. L'ergonomie est essentielle tout comme les acquis et les expériences permettent d'améliorer la prévention.

Il est possible d'intervenir soit par une approche globale des entreprises sur les facteurs de risques externes (biomécaniques, organisationnels psychosociaux) donc sur les exigences spécifiques du travail. Soit par une approche plus centrée sur la personne et sa capacité à faire face aux exigences du travail et des conséquences de son exposition aux risques.

Les meilleures démarches de prévention reposeraient sur les modifications organisationnelles, avec l'adhésion des décideurs, pour intervenir de manière diversifiée sur les facteurs de risques reconnus (Delisle et al., pp.1-2). Elle est également plus complexe à mettre en place, à cause du nombre de personnes impliquées et des nombreux changements qu'elle entraîne à différents niveaux hiérarchiques. De même, le salarié est un participant volontaire et actif de la prévention. Sans son engagement, toutes les mesures de prévention mises en place ne peuvent aboutir. Cela implique qu'après une absence ou toute modification de son poste de travail, il devra reprendre son travail progressivement pour intégrer les modifications de poste. Toutefois, ce n'est pas le salarié qui doit porter l'intégralité de la prévention des TMS ; car ce n'est pas au salarié de s'adapter à son travail, mais bien l'inverse.

La prévention est une obligation légale pour l'entreprise, mais l'Etat a également son rôle à jouer. Le but n'est pas chiffré, mais par les campagnes de prévention régulière, il sensibilise les employeurs, pour les convaincre de l'importance de mener des démarches pour réduire les TMS. Il informe également la population sur ces troubles. Il met en exergue les entreprises ayant mis en place une politique de prévention, et qui obtiennent des bons résultats aussi bien pour l'entreprise que pour le salarié. Il montre ces entreprises comme modèle.

Malgré l'engagement des entreprises et des salariés, la prévention reste insuffisante. Les démarches de prévention peuvent être multiples et impliquent toujours un compromis entre les connaissances scientifiques, le diagnostic ergonomique et les spécificités de l'entreprise et de ses possibilités de transformation. Le problème est que les effets de la prévention ne sont visibles qu'au bout de quelques années, tout comme les TMS apparaissent après plusieurs années d'exposition aux risques. De plus les TMS étant multifactoriels, il est difficile d'agir sur l'ensemble des causes. En outre, dans certaines branches professionnelles il est encore difficile d'amener les changements nécessaires et les conditions de travail continuent de s'aggraver. En fait, les gestes traditionnels sont ancrés, tout comme les habitudes et certaines modifications ergonomiques sont complexes à mettre en place. Les entreprises cherchent à obtenir des résultats rapidement, ne voyant pas les effets escomptés par la prévention mise en place, elles sont tentées d'abandonner ou de les modifier.

Enfin, la prévention se limite au travail, or nous avons vu que les activités de loisir et/ou sportive peuvent également être à l'origine de TMS. Mais bien évidemment il est impossible de contrôler et de mettre en place une démarche de prévention pour les activités extraprofessionnelles des salariés. Seule une campagne de prévention menée par l'Etat est possible.

3.1.2. La démarche de la prévention

L'entreprise est responsable des solutions à trouver. Une fois la prévention mise en place, et les premiers résultats, l'entreprise doit tout de même rester vigilante de manière permanente. Chaque solution de prévention repose sur une analyse minutieuse des situations engendrant des facteurs de risques pour les TMS. Ainsi chaque entreprise élabore sa propre démarche de prévention en fonction de l'analyse ergonomique, car il n'y a pas de solutions universelles. La démarche de prévention est consensuelle, pluridisciplinaire (augmentant ainsi les connaissances et les compétences) et s'inscrit dans la durée.

En premier ; a lieu une phase de dépistage. Il s'agit de repérer les situations à risques pour les TMS[34]. Une check-list est mise à disposition de l'entreprise, pour localiser les facteurs de risques (répétitivité, efforts, vibrations, environnement physique, l'organisation de travail) et leur durée d'exposition présent sur le poste de travail.

Après la phase de dépistage des risques professionnels, selon les résultats, elle aboutit à la phase d'intervention, qui se fait en trois étapes :

- Mobiliser

La démarche est participative (impliquant la collaboration de tous les acteurs de l'entreprise à tous les niveaux hiérarchiques), car elle s'intègre dans le fonctionnement de l'entreprise. Elle doit y adhérer et mettre tous les moyens (hommes, temps, argent) à disposition pour permettre la réalisation de la démarche.

- Investiguer pour connaître le risque

Il faut rassembler des informations sur la santé des salariés et de l'entreprise. Il s'agit de connaître la répartition du personnel selon plusieurs critères : âge, sexe, type de contrat de travail, absentéisme, le mode de rémunération et les mouvements du personnel. Mais aussi la structure et le fonctionnement global de la production et l'organisation du travail. Le regroupement de ces données se fait par des entretiens, la

---

[34] Informations tirées du site internet de l'INRS : http://www.inrs.fr/

lecture des bilans sociaux, le registre du personnel, le registre d'infirmerie et le rapport annuel du médecin.

Ensuite l'ergonome analyse les situations de travail pour identifier les facteurs de risques. Mais ce n'est pas suffisant sans la compréhension des mécanismes qui les ont créés. Pour ce faire, le personnel remplit un questionnaire pour exprimer son ressenti vis-à-vis de son poste de travail. Puis il y a une analyse de son travail, avec le détail de chaque étape de ses tâches ainsi qu'une description du poste de travail (dimension du poste de travail) et de l'environnement physique (vibrations, bruits, luminosité, température).

Pour finir, une évaluation des sollicitations biomécaniques (efforts, répétitivités et amplitudes articulaires) est à réaliser, puisqu'il faut connaître où se situent les contraintes biomécaniques pour pouvoir y apporter des modifications dans le processus.

- Maîtriser le risque

Le but est simple et consiste à réduire les contraintes des salariés par une modification permanente de leur situation de travail. Un travail d'équipe va émettre des hypothèses et chercher des solutions de prévention spécifique à l'entreprise. La démarche de prévention élaborée va être ensuite planifiée. Comme les TMS sont multifactoriels, cela nécessite d'intervenir à différents niveaux. En effet, l'origine d'un trouble sur un poste peut se situer en amont. Pour ce faire, la démarche de prévention intervient sur la conception des outils, dans le but de les faire plus ergonomiques. Il est possible de modifier la conception des produits, et des éléments nécessaires à leur fabrication. Ensuite, il faut agir sur l'organisation de la production, sur le poste de travail. Enfin pour l'organisation du travail, en alternant les tâches qui ne reproduisent pas les mêmes gestes ou aménager suffisamment des temps de récupération. Il est possible d'aménager les horaires et d'inclure une plus grande diversité dans les tâches.

Il y a aussi les démarches de prévention centrée sur le salarié. Pour l'entreprise il faut éviter aux salariés le sentiment d'isolement, la pression hiérarchique et l'obligation de faire de bons résultats afin de réduire, d'une manière générale, le stress. Il s'agit également d'informer et de former les salariés. Cela est important, car un salarié bien informé est plus sensible à ses symptômes et repère davantage les facteurs de risques. Les symptômes sont pris en compte précocement, le salarié sera mieux pris en charge de manière thérapeutique. Les actions centrées sur le salarié ne sont pas suffisantes à elles seules mais sont un bon complément aux autres mesures de prévention.

3.2. Les acteurs de la prévention.

La prévention est le résultat d'actions mises en place par l'entreprise. Bien qu'il soit important que l'entreprise acquiert des compétences et des savoirs faire en matière de prévention, elle peut faire appel à des spécialistes externes. Leur rôle est essentiel par leurs connaissances et savoir-faire, ils soutiennent et accompagnent l'entreprise dans sa démarche.

De plus, les modalités d'intervention sont variées, pas systématiquement efficaces et font l'objet de phénomène de mode. Seul l'avis des spécialistes peut faire la part des choses entre une bonne méthode de prévention et une autre inutile. (APTEL et al., 2000, p.369)

- Le kinésithérapeute

Habituellement, le kinésithérapeute intervient auprès des sportifs professionnels ou amateurs (suivi fonctionnel : préparation et récupération). Mais récemment il a commencé à intervenir dans les entreprises, auprès des salariés. En réalité, ce métier n'est pas très bien connu et les professionnels de la prévention des TMS débattent sur l'apport d'un kinésithérapeute dans leur équipe.

Le kinésithérapeute reçoit le patient une fois qu'il a vu un médecin qui lui aura diagnostiqué sa pathologie. Après l'avoir examiné, le kinésithérapeute décide et contrôle le traitement. Il travaille en collaboration avec le médecin de travail, s'il souhaite pouvoir agir au sein de l'entreprise.

Le kinésithérapeute ne s'occupe pas des conditions de travail, car c'est avant tout un soignant, il se consacre donc en priorité aux salariés ayant des problèmes de santé. Ses objectifs sont multiples selon s'il faut traiter la douleur, la raideur musculo-squelettique ou encore la faiblesse et la fatigue musculaire. Il peut également travailler sur les problèmes de coordination motrice et la perte d'équilibre, en fait tout l'aspect de l'appareil locomoteur. Mais il intervient aussi bien auprès des salariés atteints de TMS que ceux en bonne santé (qui ne présentent aucune douleur ou n'ont pas été traités pour une pathologie); pour améliorer et renforcer leurs aptitudes fonctionnelles.

- L'ergonome

L'ergonomie a pour but l'adaptation du travail à l'homme, comme le perfectionnement des outils manuels pour une meilleure utilisation. L'ergonome apporte donc des solutions pour améliorer les postes de travail et le déroulement des tâches. (Aptel et al., 2000, p.365)

- Le médecin de travail

Le rôle du médecin de travail est essentiel car il est présent dans toutes les démarches de prévention. Tout d'abord, le médecin de travail cherche à détecter au plus tôt les symptômes ou les signes d'une pathologie d'un TMS. Pour ce faire, il recueil les plaintes et les douleurs des salariés. Il les informe également sur les facteurs de risque non professionnels. Il participe donc au dépistage des salariés atteints de TMS et des postes à risques. Ensuite, il propose des modifications des conditions de travail, dans le but d'une meilleure ergonomie. Il anticipe les possibles difficultés d'adaptation du salarié.

L'objectif du médecin de travail n'est pas de contraindre les entreprises à travailler différemment, mais que leur activité et leur production ne se fassent pas au détriment de la santé du personnel. En effet, augmenter la productivité dans des mauvaises conditions entraîne immanquablement des TMS. Le but est donc de travailler mieux, de conserver la productivité tout en protégeant les salariés.

Cependant, il semblerait que le métier d'ILS soit encore méconnu pour ces différents professionnels. Ils n'apportent pas suffisamment de réponse lorsqu'ils rencontrent des ILS. Voici deux témoignages d'ILS ayant des douleurs, qui ont rencontré un médecin du travail : « *J'ai abordé le sujet avec le médecin du travail lors des consultations annuelles mais à part ce que je faisais (kiné, médicaments) et*

48

le repos, elle ne voyait pas d'autres solutions ». « *Un médecin du travail qui n'a aucune solution à apporter à ce problème, si ce n'est administrativement, il a demandé une reconnaissance maladie professionnelle* ».

3.3. Les actions centrées sur la personne que l'on peut appliquer aux interprètes en langue des signes

Comme chaque entreprise a sa propre démarche de prévention, chaque métier a sa propre prévention adaptée à ses spécificités. De manière générale les ILS ne font pas attention aux premiers symptômes, car les premières douleurs disparaissent vite au bout de quelques jours de repos et avec la prise de médicaments. Ce n'est qu'au bout de quelques années qu'ils constatent de la permanence ou de la fréquence des douleurs et qu'ils décident de consulter et/ou de changer leurs habitudes de travail. Dans le cadre du métier d'ILS il y a différentes techniques de prévention, mais il est possible de s'inspirer des méthodes et solutions proposées dans les autres corps de métier. A savoir :

- L'activité physique et/ou sportive

Si elle est adaptée, elle peut être bénéfique et renforcer le système musculo-squelettiques de la personne. En plus d'améliorer l'équilibre de vie de la personne ainsi que ses aptitudes fonctionnelles, l'activité physique et/ou sportive contribue à diminuer le stress. Plusieurs entreprises ont instauré au sein de leurs lieux de travail un programme d'activité physique et sportive, notamment en créant des salles de sport (Aptel et al., 2000, p.367).

Pour les ILS, il est important de faire des étirements ou de la musculation pour renforcer les muscles des membres supérieurs. Il peut être intéressant de faire des exercices en pré et post interprétation, bien sûr ils seront adaptés à l'ILS au moment où ils seront effectués. Les témoignages révèlent que l'activité sportive est déjà pratiquée par un grand nombre d'ILS comme le vélo, la natation, le rameur. Ils ajoutent que c'est également un moyen de vider le trop plein d'émotion et le stress.

- Les massages et le kinésithérapeute

Mise à part l'activité sportive, il y a les massages, la relaxation, le yoga… qui peuvent être proposées. Les massages et les exercices faits avec un kinésithérapeute permettent de relâcher la tension dans les muscles et les tendons, mais aucune de ces pratiques n'a été validée scientifiquement comme efficace. Les effets et les résultats sont limités et divergents. Cependant, il semblerait que le kinésithérapeute est la solution la plus fréquemment choisie par les ILS pour traiter les douleurs ou en prévention, comme pour cet ILS : « *Je suis en traitement kiné régulièrement. Au départ curatif et maintenant préventif* ».

- Les pauses au poste de travail

Il a été vu que les périodes de repos et donc de récupération étaient nécessaires et indispensables pour le salarié. Il récupère de sa fatigue posturale, de ses douleurs ce qui participe à la prévention des TMS.

Avec l'accord de la direction, les salariés peuvent effectuer des pauses ou faire différents gestes sur leur poste de travail. Ces pauses sont une période de repos plus ou moins longue et sont de 3 types : (Aptel et al., 2000, pp.366-367)

- les pauses 'passives', où le salarié reste à son poste de travail, mais ne travaille pas et se décontracte.
- les pauses 'actives', où le salarié toujours à son poste de travail, fait des mouvements de gymnastique, des exercices d'étirement (ou stretching).
- les pauses lors desquelles le salarié quitte son poste de travail.

De même, toujours pendant ses pauses, le salarié peut utiliser différentes méthodes de relaxation pour allonger ses muscles et ses tendons. Cela lui permettra d'améliorer sa circulation sanguine dans tous ses membres. Bien évidemment chaque exercice se réalise avec l'accord préalable du médecin de travail.

Bien que le salarié effectue des pauses, sa productivité ne s'en trouve pas affectée. Au contraire, plus détendu, relaxé et moins stressé, il travaillera mieux. Toutefois, certains salariés culpabilisent de s'arrêter pendant leur travail pour effectuer des pauses et des exercices. Bien évidemment, les pauses actives et les exercices ne peuvent pas être imposés aux salariés, de plus ils préfèrent des pauses passives et plus fréquentes.

Pour conclure, quel que soit le type, la durée et la fréquence des pauses, elles sont une mesure possible pour la prévention des TMS, mais ne sont pas suffisantes à elles seules. Selon les études, les résultats des pauses et des exercices de relaxation sont mitigés. Bien que la tension sur les muscles diminue ce n'est pas significatif ; il faudrait associer les pauses aux formations sur les postures de travail.

Pour les ILS, il est impossible de faire des pauses pendant l'interprétation, si ce n'est des micro-pauses. Néanmoins, pendant une pause et entre deux rendez-vous, l'ILS peut soit se détendre sans rien faire, soit effectuer des étirements, et des exercices.

- Formation et information des salariés

Il est important que le personnel suive une formation 'gestes et posture'. Plus qu'une information sur les risques professionnels, c'est l'apprentissage des bons gestes qui doit se faire. Ils apprendront les bonnes postures ergonomiques adaptées à leur poste de travail.

L'information et la formation peut se faire par le kinésithérapeute bien que ce ne soit pas son rôle premier, mais celui de l'ergonome. Ce dernier a pour rôle d'observer et d'évaluer le poste de travail, pour appliquer les bons gestes à la tâche.

Apprendre les bons gestes implique donc de prendre en compte la tâche de travail. Par ailleurs, les variations interindividuelles ont une influence sur la réalisation des 'bons gestes' mais non sur l'augmentation ou non des risques de TMS. (Aptel et al., 2000, p.368)

- Les groupes de paroles

Parler de son travail, des situations stressantes est une bonne solution pour évacuer le trop plein d'émotions, les tensions et le stress, soit à sa famille, ses amis, ses collègues, soit dans le cadre de groupe de parole, généralement dirigé par un psychologue.

Etant donné que les ILS sont soumis au secret professionnel, ils ne peuvent raconter leur rendez-vous dans les moindres détails. Sauf à d'autres ILS qui prendront le relais au prochain rendez-vous, dans le cadre du secret professionnel partagé. Or à la longue, la neutralité et le secret professionnel peuvent être lourds à porter, surtout pour les ILS isolés dans certaines régions. De même les collègues n'ont pas toujours le temps pour écouter du fait de leurs propres problèmes et de leur emploi du temps chargé. C'est pourquoi, il y a quelques années, un groupe d'ILS avait été constitué à Paris, c'était l'occasion pour eux de s'exprimer sur les situations les plus difficiles. Mais cela ne s'est pas pérennisé faute de participants.

- La gestion de l'affect et du stress

Le stress est inhérent à chaque métier, tout comme certains métiers impliquent nécessairement un certain affect, des émotions, des tensions (ex. métiers du monde médical, justice…). Chaque personne a sa technique pour diminuer le stress donc le tract, ce qui diminue les tensions, et par conséquent les risques de TMS.

Pour les ILS, il y a différentes stratégies qui commencent dès la préparation. En effet, avec une bonne préparation, l'ILS sait 'à quoi s'attendre', il saura s'il s'agit d'un rendez-vous psychologiquement dur. Il peut réfléchir aux propos qui peuvent être tenus, aux images…Lors du rendez-vous, certains ILS restent très concentrés sur l'interprétation en elle-même, pour éviter de se laisser envahir par les émotions. D'autres ILS vont préférer traduire en utilisant le « il ou le elle » ou rajouter « dit Monsieur ou Madame » à la fin d'une phrase, cela leur permet de garder une distance avec les propos traduits qui ne correspondent pas forcément aux idées de l'ILS. Enfin, dans certain cas le regard de l'interlocuteur peut être difficile à soutenir car trop pesant ou trop chargé de sentiments, d'émotions. Il est alors possible d'utiliser davantage les transferts en langue des signes, ce qui permet de détacher le regard de l'interlocuteur sourd. A la fin du rendez-vous, l'ILS doit ou peut évacuer ses émotions soit en parlant à ses collègues ILS, soit en pratiquant un sport ou de la relaxation. Parler à ses collègues des situations difficiles reste la solution la plus fréquente, mais pour certains ILS isolés dans les régions il leur est difficile de rencontrer des collègues. Par ailleurs chaque ILS est libre de refuser un rendez-vous s'il ne se sent pas capable de l'assumer, de gérer ses émotions et d'assurer la qualité de son interprétation. Chaque ILS connaît ses limites, et comme cela est précisé dans l'article 9 du titre deuxième du code déontologique de l'Afils : « L'interprète peut refuser un contrat si, pour une raison éthique et personnelle, il sent que sa prestation ne sera pas conforme au présent code ». Par ailleurs, il semblerait qu'avec l'expérience professionnelle, les ILS apprennent à mieux gérer les situations et à ne pas se laisser envahir par les émotions en prenant davantage de recul.

L'ILS ne doit pas se faire envahir par cet affect, et éviter ainsi un 'terrain fragile' permettant l'accumulation de facteurs individuels propices aux TMS. Cependant, l'affect est inévitable et son évacuation complète est impossible, ainsi chacun doit apprendre à le gérer.

- Syndicat pour faire respecter les conditions de travail

Bien qu'il ne s'agisse pas d'une démarche de prévention, les syndicats représentent les salariés et permettent en outre de défendre les conditions de travail. Ils peuvent faire remonter à la direction les situations à risques. En ce qui concerne les interprètes, il existe un syndicat des interprètes salariés français/LSF : Sifflet FO. Or en 2007, il n'y avait que 3 adhérents. Le syndicat n'est donc pas représentatif et ne peut défendre correctement les besoins et les droits des ILS. Nous ne savons pas si à l'heure actuelle, ce syndicat est encore actif. En revanche, sur un plan mondial, la commission santé de l'AIIC (Association Internationale des Interprètes de Conférence) travaille sur la fatigue intellectuelle des interprètes et se penche également sur les conditions de travail des interprètes.

3.4. La prévention spécifiques aux interprètes en langue des signes

Il y a une démarche de prévention globale du métier et une autre plus portée sur la linguistique. Il faut adapter les méthodes de prévention selon le contexte professionnel des ILS (travail seul ou en équipe). Par exemple, un ILS scolaire sera amené à faire plus d'aménagements linguistiques qu'un ILS qui traduit en majorité des rendez-vous sociaux, en justice, à l'hôpital... où il devra davantage gérer ses émotions par des exercices, de la relaxation...

En France, il y a très peu d'études portant sur les ILS et les TMS contrairement au Québec. Comme le métier d'ILS est similaire, nous ferons référence aux solutions et méthodes proposées par les études québécoises.

L'IRRST et plus particulièrement Delisle et al. (2004) se sont penchés sur la prévention pour les ILS. Leurs recherches ont davantage porté sur les modifications que chaque ILS peut apporter et ainsi contrôler, plus particulièrement le stress et la douleur. Ils ont commencé par un petit groupe d'ILS scolaire en apportant des modifications simples.

Tout d'abord, Delisle et al constatent qu'il faut faciliter et inciter les démarches pour que les ILS déclarent tout de suite les premiers troubles ressentis, afin de mettre rapidement en place une action de prévention et/ou de soins. Car il est vrai que les ILS ne déclarent pas systématiquement leurs troubles, ou que ceux-ci ne sont par identifiés comme des TMS.

Ensuite, pour diminuer l'exposition des ILS aux facteurs de risques il faut apporter des changements au niveau organisationnel (Delisle et al, 2004, p.37), en aménageant les horaires de travail et permettre une alternance entre le travail et le repos. Mais aussi sensibiliser les personnes qui font appel aux ILS, notamment les professeurs dans le cadre des ILS scolaires. Il faut les informer sur leurs conditions de travail et l'importance de la préparation.

A la suite de cette étude, les ILS québécois ont changé certaines de leurs habitudes de travail, par exemple alterner davantage entre la position assise/debout et faire plus de pauses. Mais aussi utiliser les appuie-bras pour retarder la fatigue qui entraîne immanquablement des inconforts pendant l'interprétation. Par la suite, Villeneuve (2006, p.200) viendra confirmer cette méthode. Les ILS expérimentés utilisent davantage les appuie-bras lorsque la main dominée ne réalise pas de signes et que la main dominante exécute un signe près du corps. L'appui-bras permet de diminuer la charge musculo-squelettique. Dans le milieu scolaire, il serait possible de mettre en place des chaises ergonomiques ajustables aux ILS, mais il faudrait tout de même que l'ILS alterne sa position assise/debout. Bien évidemment cela est difficile au cours d'une interprétation, cependant, alterner sa position à chaque rendez-vous est plus envisageable.

Tout comme l'appui-bras, l'augmentation de l'utilisation de la main dominée est bénéfique, puisque cela permet d'équilibrer « la charge biomécanique entre les articulateurs », donc de réduire le problème des TMS. (Villeneuve, p.89)

Bien que l'étude de Delisle et al (2004) n'était pas centrée sur l'aspect linguistique, les ILS ont apporté des modifications à ce niveau, comme la substitution lexicale, l'économie de signes, la réduction de l'amplitude et de la vitesse des mouvements. Par la suite, Villeneuve va se baser sur cette étude pour définir les aménagements linguistiques permis par la grammaire de la langue des signes québécoise, pour permettre à l'ILS des économies articulatoires.

En premier lieu, Villeneuve démontre que pour une prévention des TMS, les ILS peuvent agir sur le choix du lexique afin d'utiliser ceux qui demandent la plus faible amplitude et le plus petit mouvement. En effet, certains signes demandent une plus grande ampleur des articulations et par conséquent une plus grande charge articulatoire. En fait, la notion d'espace est aussi importante, car plus les signes sont éloignés de l'espace neutre, vers les limites extérieurs, plus les articulateurs s'usent, ce qui entraîne à terme des blessures. (Villeneuve, p.89) D'ailleurs les ILS expérimentés ont tendance à déplacer les lieux d'articulations vers l'espace neutre ce qui implique une amplitude du mouvement plus réduite.

Comme cela n'est pas suffisant, il est possible d'agir sur d'autres éléments de la langue, en fait à d'autres niveaux de structure que celui du lexique. Tout d'abord, pour l'aspect phonologique (Villeneuve, p.211), avec des changements sur la configuration, le lieu d'articulation, et l'arrangement des mains. Ces aménagements phonologiques sont possibles mais limités, pour que le sens du signe ne s'en trouve pas modifié.

Ensuite, sur l'aspect morphosyntaxique (Villeneuve, p.228), il faut encourager « la production d'encodages parallèles », pour que les ILS répartissent mieux la charge musculo-squelettique sur les membres supérieurs. De même, les ILS n'exploitent pas assez les stratégies d'énumération comme les énumérations linéaires et spatiales.

Enfin, il est plus facile d'apporter des modifications pendant le mouvement transitoire, c'est-à-dire le mouvement entre la réalisation de deux signes lexicaux. Cela n'affecte pas le sens, ni le mouvement de la structure lexicale interne et le besoin de solliciter le lexique mental.

Selon Villeneuve (p.238-239), une prévention centrée sur les aménagements linguistiques est plus intéressante et pertinente car les ILS ont le contrôle sur ces changements et le font de manière autonome. Ils contrôlent leur pratique et le nombre d'aménagements linguistiques. Les aménagements pour une économie articulatoire leur permettent de différer le moment de l'inconfort, donc des douleurs. Cependant, les aménagements linguistiques ont des limites et il reste des facteurs de risques que les ILS ne peuvent contrôler.

En outre, tous les ILS ne semblent pas informés sur la pratique d'une langue des signes plus économique ou ne savent pas comment procéder. Comme dans ces témoignages d'ILS expérimentés : « *Non, je ne sais pas ce que c'est, je ne sais pas faire* » ; « *Non je n'y parviens pas... peut-être que je lève moins le bras quand j'ai des douleurs* ». D'autres ILS confient qu'ils utilisent fréquemment le pointage dès qu'il y un support visuel. Ils pointent les noms, les dates, les chiffres, les unités non-porteuses de sens ce qui leur permet de s'économiser physiquement et cognitivement. Même de manière inconsciente, l'ILS modifie sa posture pour retarder l'inconfort et les douleurs. Il semblerait donc qu'avec l'expérience les ILS développent des stratégies d'économie articulatoire : « *J'ai dû inconsciemment modifier ma manière de traduire lors des passages douloureux mais je ne saurais dire que je l'ai fait volontairement. [...] Je pense qu'avec les années j'ai effectivement trouvé des techniques de compensation mais je crois aussi qu'avec le temps on stresse moins sur nos traductions et on devient plus souple dans notre manière de traduire ; donc on doit moins solliciter notre corps.* »

D'une manière plus générale, il existe déjà des règles simples à respecter comme démarche de prévention des TMS du membre supérieur. A savoir :

- Respecter les nombres d'heures d'interprétation et les temps de pauses

Il a été vu auparavant que l'Afils préconise de ne pas dépasser les 2 heures d'interprétation par demi-journée. De plus, les interprètes doivent travailler en relais si l'interprétation dure plus de 2 heures. Ils feront ainsi des relais toutes les 15 minutes.

Etant donné que c'est un principe et que c'est inscrit dans le code déontologique, les ILS respectent le nombre d'heures d'interprétation. Mais de temps en temps il peut être difficile pour l'interprète d'imposer ses conditions de travail et ses temps de pause, soit que le cadre ne s'y prête pas (ex. cours de 2 heures, les élèves n'ont pas de pause alors que l'interprète en a besoin), soit que le client refuse et qu'il ne comprend pas les raisons de ces pauses.

Villeneuve (2004, p.202) préconise également de prendre des micros pauses pour reposer totalement les bras pendant les pauses et les hésitations naturelles du locuteur, mais aussi de ne pas garder les bras en tension pendant le décalage, cela permettrait de soulager le cou et les épaules.

Travailler moins pour éviter les douleurs, respecter les temps de pauses est indispensable pour éviter l'apparition précoce des TMS. Mais c'est aussi indispensable pour garantir la qualité de l'interprétation, puisque l'acte d'interpréter demande un effort cognitif. Au bout d'une heure, l'ILS commence à fatiguer et à être moins performant.

A travers, les témoignages des ILS, il y a toujours ce même conseil pour éviter les douleurs et les TMS : « *Stricte respect des recommandations de l'Afils. Si douleurs quand même, interprétation à temps partiel* » ; « *En évitant le stress au travail et les tensions nerveuses et mentales, et aussi en diminuant les temps d'interprétation* ». Ou encore, par les congés: « *Je prends une semaine de repos toutes les 6-7 semaines* ».

- Echauffement - posture

A l'instar des sportifs qui font un échauffement, les ILS pourraient échauffer leurs mains, poignets et bras avant toute interprétation. De plus, le sport, les étirements à la fin de la journée ou après un rendez-vous permettent de relâcher la tension. Cela est confirmé par Villeneuve (2004, p.206) qui préconise de sensibiliser les ILS sur le bénéfice de se muscler les membres supérieurs et de l'apport des exercices pré et post interprétation.

Enfin les ILS doivent faire attention à leur posture pendant l'interprétation pour ne pas se fatiguer prématurément, tout comme les personnes qui travaillent toute la journée derrière un bureau, elles doivent changer régulièrement de position. A ce sujet, pour prévenir les douleurs, un ILS explique : « *Je suis en autocontrôle des positions constantes. Je rétroverse le bassin, la colonne tous les jours, surtout au boulot* ».

- La préparation

Fréquemment les ILS expliquent l'importance d'une bonne préparation. Elle permet tout logiquement de bien préparer le rendez-vous et donc la qualité de l'interprétation, de se préparer psychologiquement afin de mieux appréhender le rendez-vous. Elle concerne aussi bien le contenu du rendez-vous, que les aspects pratiques. Ces derniers consistent à connaître le lieu, l'heure, les personnes en présence.

Pour le contenu du rendez-vous, par exemple pour une conférence, connaître le thème n'est pas suffisant. Il faut regrouper ses connaissances, lire les textes fournis par les locuteurs, mais aussi si c'est possible, rencontrer les personnes pour s'imprégner de leur rythme de parole, de leur logique de raisonnement. Ainsi, l'ILS préparera des images mentales sur le thème.

Une bonne préparation permet également de mieux gérer l'affect lors de l'interprétation. Même si l'expérience professionnelle est un avantage pour mieux appréhender les situations, les ILS expérimentés ont tout de même besoin d'un minimum de préparation. Cependant, il est impossible de se préparer à tout, à cause de tous les imprévus qui peuvent survenir.

En fait, toutes ces stratégies de prévention sont déjà mises en place par les ILS atteints de TMS, et il est essentiel d'écouter leurs conseils : « *Je pense qu'il faut savoir se modérer, éviter de faire des amplitudes journalières trop importantes (en temps de traduction et de déplacement), savoir gérer son stress lors d'interventions difficiles (que cela soit difficile émotionnellement (genre justice, hôpital) ou dans le contenu (genre conférence sur les transplantations) ou dans la durée (genre conférence toute la journée)). Cela est plus facile à dire qu'à faire je le conçois car même si je stresse moins avec les années il y a quand même des moments chauds (genre réquisition police où tu ne sais pas dans quoi tu vas mettre les pieds). C'est pour cela que nous essayons de prendre une journée par semaine pour souffler un peu et éviter d'accumuler trop d'heures sup. et de fatigue physique et intellectuelle (car même si on travaille avec ses mains c'est le cerveau qui bosse) »*

De la même manière, Patricia Duroyaume dans le journal de l'Afils (décembre 2007, n°64, pp. 16-17) conseille : « *Dès les premiers symptômes (douleurs, raideur, perte de force, de sensibilité...), il faut consulter. Le principal facteur de TMS est le stress, c'est donc lui qu'il faut prendre en charge (alléger son emploi du temps si possible, en parler avec les copains, prendre des interprétations moins lourdes physiquement ou psychologiquement, faire attention à son corps (les formations « gestes et postures » ne sont pas suffisantes), pratiquer une activité pour se vider la tête. L'idéal serait de remonter des groupes de paroles pour les interprètes, soit par le biais de la formation continue ou de manière moins formelle. Il faudrait introduire dans la formation initiale un module qui traite de la souffrance au travail des interprètes. La prévention passe par l'information, la circulation de la parole et par la force d'un collectif de métier.* »

Tout comme Sandra Collin dans le même journal de l'Afils : « *Le conseil que je pourrais vous donner c'est de ne pas attendre que la douleur soit insupportable mais consulter un médecin et surtout d'écouter votre corps. Je pense avoir attendu trop longtemps avant de me soucier de mon problème. Ne pas hésiter à faire appel aux collègues, demander conseil, et vous faire aider. J'ai moi-même passé des moments très difficiles, je me suis sentie désorientée et seule* ».

En définitive, la formation fait partie des principes de base de la prévention, mais elle n'est pas encore assez présente. Le contenu de la sensibilisation doit être varié sur : la langue des signes économique, l'importance de l'échauffement, les différentes techniques pour se relaxer et gérer le stress. La prévention dans les formations doit aussi informer sur les maladies professionnelles et particulièrement les risques de TMS.

Comme cela est précisé dans Bernard et al. (2007, pp. 61-62) : « Certaines écoles supérieures ont inclu dans la formation initiale des cours de prévention dispensés par des membres du personnel paramédical. Il apparaît nécessaire d'enseigner aux futurs interprètes quels gestes et postures adopter afin de ne pas se blesser dans l'exercice de la profession ».

Cette prévention dans les formations d'interprètes peut également s'adresser aux professeurs de langue des signes, notamment sur l'aspect linguistique. Les professeurs plus sensibilisés aux problèmes des ILS pourront modifier leur méthode d'enseignement et contrôler davantage certains détails.

3.5. La reconversion des interprètes en langue des signes

Pour certains ILS atteint de TMS, les opérations et la diminution des heures de travail ne sont pas suffisantes. Ils ne leur reste que la reconversion comme c'est le cas de Patricia Duroyaume[35] qui au bout de 10 ans de pratique du métier d'interprète s'est reconvertie pour devenir psychologue, ergonome. Cependant elle souffre toujours de douleurs liées à son ancien métier. De même, Sandra Collin, ILS dans le scolaire a été « *licenciée pour inaptitude suite à une maladie professionnelle* ». Elle explique son parcours après son licenciement : « *J'ai donc perçu mes indemnités. J'ai aussi obtenu une reconnaissance de travailleur handicapé par la M.D.P.H.* [Maison Départementale des Personnes Handicapées] *(je ne perçois pas d'indemnité mais cela pourra peut-être m'aider pour une formation professionnelle). Aujourd'hui je suis demandeur d'emploi, je continue mes démarches administratives et espère effectuer une réorientation rapidement* ».

A priori toutes les reconversions sont possibles dans le domaine de la langue des signes ou non, il faut simplement que le futur métier ne présente pas les mêmes facteurs de risques que celui d'ILS, ce qui n'est pas toujours évident comme le témoigne cet ILS : « *suite à cette maladie et mon licenciement de l'association qui*

---

[35] Journal de l'Afils, décembre 2007, n°64, pp. 16-17

m'employait à l'époque, j'ai fait un bilan de compétences et le résultat était assez décevant : je m'orienterais vers le secrétariat : chose impossible car je souffre aussi quand je tiens une souris! » Ses douleurs ne sont pas encore reconnues comme maladie professionnelle, bien que les démarches soient entamées.

En France, le métier d'ILS est encore jeune, nous n'avons pas encore assez de recul pour savoir si la carrière des ILS est courte à cause de la survenue de TMS ou si elle est due à d'autres facteurs. Comme c'est le cas de Françoise Bardet qui témoigne dans le journal de l'Afils (novembre 2006, n°60). Elle a arrêté le métier au bout de 5 ans d'exercice. En fait, elle vivait mal le fait de traduire des discours avec lesquels elle était en désaccord et traduire des choses fausses. Dorénavant, elle est actrice – comédienne en gardant toujours la LSF dans son nouveau métier.

Conclusion

Les TMS sont un problème de société pour tous les pays industrialisés. Aucun métier n'est épargné pas même celui d'interprète en LSF/français. Nous avons vu que le métier d'ILS présente par certains côtés des ressemblances avec d'autres métiers à risques à cause des conditions de travail. Les ILS sont également exposés aux TMS et ressentent les mêmes douleurs dans les membres supérieurs. Souvent ces douleurs ressenties s'estompent avec une mise au repos ou des médicaments, et les ILS déclarent leurs douleurs une fois que celles-ci sont définitivement installées, et qu'il est trop tard pour mettre en place une mesure de prévention. Si le métier était davantage reconnu et que l'on recensait tous les ILS ayant des TMS, cela inciterait une reconnaissance officielle et donc une meilleure prise en charge des troubles.

Il est important de ne pas fermer les yeux sur ce problème car la traduction perd en qualité et les ILS voient leur carrière professionnelle écourtée. Cependant, étant donné que le métier d'ILS en France est encore relativement jeune, il n'y a pas suffisamment de données ni suffisamment de recul, pour savoir si les TMS sont la cause ou l'une des causes de l'arrêt de carrière des ILS. En fait, il peut y avoir plusieurs raisons qui poussent les ILS à arrêter ce métier (le manque de conseils, le manque de reconnaissance et de soutien, se battre continuellement pour faire respecter ses conditions de travail, le fait de traduire des propos auxquels on n'adhère pas).

Pour se prémunir des TMS, des techniques simples déjà mises en place pour certains métiers peuvent être appliquées par les ILS. Bien évidemment, seule une démarche de prévention adaptée aux ILS est efficace. Mais en réalité, seule une étude plus approfondie et étalée dans le temps permettra de connaître la meilleure stratégie de prévention à mettre en place, par une approche linguistique et sur les aspects principaux du métier. Comme il y a plus de productions à ce sujet dans les pays outre-Atlantique, il serait intéressant de s'inspirer des techniques de préventions efficaces mises en place dans les autres pays, pour après les proposer aux ILS en France.

Pour approfondir, il serait possible de comparer les ILS féminins et masculins. Etudier si la différence de taille des articulateurs, de force musculaire joue un rôle sur l'usure des articulateurs et sur la charge musculo-squelettique. Par conséquent savoir si les ILS féminins seraient davantage touchés par les problèmes de TMS ou bien au contraire s'il n'y a aucune différence.

De même, il faudrait comparer un groupe d'ILS traduire sans préparation et un second avec une préparation complète (physique, psychologique, linguistique...). Nous pouvons supposer que les ILS mieux préparés produisent davantage d'images, fassent plus d'aménagements linguistiques pour se prévenir de la fatigue. Dans cette optique, il serait également intéressant de comparer les sourds dans leurs productions spontanées et celles qu'ils ont dans leur cadre de travail, en tant que traducteurs ou professeurs. Ou encore de comparer la production des ILS avec celle des professeurs et traducteurs sourds, et voir s'il y a des différences de stratégies d'aménagements linguistique pour une meilleure économie articulatoire.

Enfin, il est important d'informer la nouvelle génération d'interprète sur les spécificités du métier et des risques de douleurs. De même, il faudrait enseigner des stratégies d'aménagements linguistiques pour se prémunir des douleurs, sous le contrôle de professeurs sourds pour ne pas dénaturer la LSF.

Bibliographie

APTEL M., & ACHERITEGUY M., 2000, « Apport des kinésithérapeutes, à la prévention des troubles musculosquelettiques du membre supérieur en milieu de travail », *Documents pour le médecin du travail*, n°84, TC 80-300, INRS, pp.363-370

ARVIDSSON I., AKESSON I. & HANSSON G.-A., 2003, Wrist movements among females in a repetitive, non-forceful work. *Applied Ergonomics* n°34, pp.309-316

AUBLET-CUVELIER A., 2005, *Les troubles musculo squelettiques du membre supérieur*, collection Le point des connaissances, ED 5031, dossier web INRS

BERNARD A., ENCREVE F., JEGGLI F., 2007, *L'interprétation en langue des signes*, PUF, Paris

BOURDON M., « Quand le travail fait mal », Sciences-et-Avenir.com, 18.04.2008, http://tempsreel.nouvelobs.com/actualites/sante/20080418.OBS0282/quand_le_travai l_fait_mal.html

DELISLE A, DURAND M-J, IMBEAU D, LARIVIERE C, 2004, *Suivi de deux interventions visant la prévention des troubles musculo-squelettiques aux membres supérieurs en milieu de travail*, Etudes et recherches, rapport R-379, Montréal, IRSST, 2004, http://www.irsst.qc.ca/fr/_publicationirsst_100055.html

GILE D., 1985, « *Le modèle d'efforts et d'équilibre d'interprétation en interprétation simultanée* », in *Méta : journal des traducteurs*, vol. 30, n°1, Les Presses de l'Université de Montréal, pp.44-48

LUNDBERG U., 2002. « Psychophysiology of work: Stress, gender, endocrine response, and work-related upper extremity disorders ». *American Journal of Industrial Medicine*, vol. 41, n° 5, p. 383-392

MALCHAIRE J.B., COCK N.A., PIETTE A., DUTRA LEAO R., LARA M. & AMARAL F., 1997, Relationship between work constraints and the development of musculoskeletal disorders of the wrists: a prospective study. *International Journal of Industrial Ergonomics*, n°19, pp. 471-482

MARRAS W.S. & SCHOENMARKLIN R.W., 1993, Wrist motions in industry. *Ergonomics,* n°36, pp.341- 351

MARTIN P., 1996, *Éléments de phonétique avec application au français*, Sainte-Foy: Les presses de l'Université Laval, pp. 181-182

PODHORODECKI A. D. & SPIELHOLZ N. I., 1993, « Electromyographic study of overuse syndromes in sign language interpreters ». *Archives of physical medicine and rehabilitation*, vol. 74, n° 3, p. 261-262

SCHWARTZ G., 2006, « Musiciens classiques : bien orchestrer la prévention ». *Travail et sécurité*, n° 663, pp. 2-9

SELESKOVITCH D. & LEDERER M., 1984, *Interpréter pour traduire*, Collection "Traductologie", Paris: Didier érudition

SHEALY J., FEUERSTEIN M. & LATKO W., 1991, Biomechanical analysis of upper extremity risk in sign language interpreting. *Journal of Occupational Rehabilitation*, n°1, pp.217-225

TOADA K., NISHIYAMA K., YAMASHITA H., 1997, « Study of workload and cervicobrachial disorder among sign language interpreters », *Sangyo Eiseigaky Zasshi*, vol. 39, n° 4, p. 116-125

VILLENEUVE S., 2006, *La langue comme outil de prévention des troubles musculosquelettiques chez des interprètes français/langue des signes québécoise : analyse d'aménagements linguistiques, biomécaniques et temporels*, mémoire pour l'obtention de la maîtrise en linguistique, Université du Québec, Montréal

Sites internet:
Afils : http://www.afils.fr/index2.htm
ANCO : http://anco.asso.free.fr/
Assurance maladie :
http://www.risquesprofessionnels.ameli.fr/fr/accueil_home/accueil_accueil_home_1.php
Forum des codeurs LPC : http://codeurlpc.one-forum.net/le-codeur-lpc-c1/
INRS Institut national de recherche et de sécurité : http://www.inrs.fr/
Institut de veille sanitaire : http://www.invs.sante.fr/index.asp
Institut Universitaire de Santé au Travail de Rennes : http://www.med.univ-rennes1.fr/etud/med_travail/cours/troubles_musculo-squelettiques.html#4
IRSST: http://www.irsst.qc.ca/
PasseportSanté.net : http://www.passeportsante.net/fr/Accueil/Accueil/Accueil.aspx
Site d'information sur les TMS : http://www.vos-tms.fr/vos_tms_020.htm
Société Française de Chirurgie de la main : http://www.gem-sfcm.org/index.php
Travailler mieux : http://www.travailler-mieux.gouv.fr/

Imprimé en France
FROC031538060320
23638FR00001B/20